特別支援教育サポートBOOKS

感覚統合を活かして子どもを伸ばす！
音楽療法

土田 玲子 監修・柿﨑 次子 著

苦手に寄り添う
楽しい音楽活動

明治図書

出版によせて

　音楽という活動は，年齢を問わず多くの人たちにとって，とても馴染み深いものです。しかし，音楽療法となるとまだまだ日本では馴染みの薄いアプローチの一つではないでしょうか。私の音楽療法に関する知識のほとんどは，アメリカのフェニックスにある神経発達研究所（CNS: Center for Neurodevelopmental Studies）で出会った，Sheryl Kelly女史との出会いから来ています。CNSは，アメリカの作業療法士である故Lorna J.King女史によって設立された施設で，私が在外研究員として滞在した1989年当時は感覚統合理論を発達障害がある児童，生徒の教育に取り込む実践の試みを精力的に行っていました。そのため多くの専門職（特別支援教育を担う教師や作業療法士，言語聴覚士等）に混じって音楽療法士が活躍しており，中でも彼女のセッションはとても魅力的なものの一つでした。どのような子どもでも，彼女のセッションに入ると生き生きと，楽しく，意欲的な姿を見せることに感動を覚えたのを今でも懐かしく思い出します。その後ご縁があって，彼女を日本に2回ほどお招きする機会がありましたが，その時にも日本各地で様々な子どもたちに出会っていただきました。そこでもすばらしい，感動的なセッションをいくつも見せていただきました。彼女からは，音楽療法の言葉を超えたユニバーサルな力や職種を超えたセラピストとしての普遍的な力を学ばせてもらったように思います。

　彼女は，音楽療法の実践家として必要な基礎的な知識の一つとして，感覚統合理論は欠かせないということを常に訴えていらっしゃいます。アメリカにおいても，このような考えを持つ音楽療法士は少ないのではないかと思います。

　その意味でも，日本において柿﨑さんがこの本を上梓してくださったことをとても嬉しく思います。彼女のアメリカや日本に戻られてからの学習と実践の経験が，この本にはとてもよく活かされていると思います。この本における私の役割は，初めて感覚統合理論に出会う読者，音楽を療育に活かそうとこの本を手に取ってくださる読者をイメージしながら，主として感覚統合理論の音楽活動への活かし方について，誤解のないよう表現を手直しすることでした。その意味で，本書の中に理解しにくい内容があるとすれば，その責は私にあります。忌憚のないご意見，ご指摘をいただければと思います。

　なお，本書は実践の紹介に重点を置いていますので，音楽療法に関しても感覚統合理論に関しても，対象となる様々な子どもたちが抱える障害に関する基礎知識にはあまり触れていません。より質の高い音楽療法を実践するためには，これらの領域の学習も欠かせないことをご理解ください。

　本書が，音楽の持つ魅力や力を見直す扉，感覚統合理論への興味を開く扉となることを願っています。

土田　玲子

本書の構成と使い方

本書の構成

　この本は，特別な支援が必要な子どもたちを主な対象に，感覚統合の考え方を活かした音楽の使い方を紹介する本です。まず1章では，感覚統合のはたらきについて簡潔に説明しています。さらに感覚統合に関連のある音楽の特徴についても触れています。

　2章は，感覚統合の考え方を活かして音楽療法を行う際に必要な，楽器を使ったアセスメント法など，感覚統合理論の具体的な応用法を実践の流れの中で説明しています。

　3章では，感覚統合のはたらきとその用語を簡潔にまとめた後に，感覚統合に視点を置いたユニークな楽器の使い方について，感覚刺激や用途ごとに詳しく紹介しています。

　4章は，感覚統合の様々な問題に対処するための音楽療法活動を具体的に紹介する章です。感覚統合の問題や目的ごとに，楽譜や写真を用いてわかりやすく説明しています。

　5章は，音楽療法の事例や感覚統合と密接な関係にある自己有能感の向上を目指した音楽活動を紹介しています。ここでは，感覚統合の考え方が音楽療法の実践の中でどのように活かされ，どのような結果を生むのかという点にねらいを定めています。

本書をぜひ読んでいただきたい方

　この本は，音楽療法士をはじめ子どもにかかわる指導者や教師を対象とし，その方々が感覚統合の考え方を臨床に応用する際の，最小限の知識や技術を紹介しています。

　また，感覚統合に関連する知識や技術を音楽を通して紹介していますが，その音楽はどなたでも気兼ねなく使っていただける簡単なものがほとんどです。

実践上の対象となる子どもたち

　この本の対象児は特別な支援が必要な子どもを中心としていますが，それに限りません。例えば4章の活動は，対象児の能力に合わせれば，幼児から小学校低学年までの，支援を必要としない子どもたちにも有効ですし，難易度を調整すれば高齢者や成人に適応する活動も多くあります。

本書の活用方法

★**1章から順に**　全ての章に目を通すことで，感覚統合理論を導入する際の全体像がつかめます。ですから1章から順に全ての章を読み進めることをお勧めします。しかし，要所だけを取り出して読むこともできます。その場合でも，感覚統合理論の基本的な用語やはたらきを

紹介している1章はじっくりとお読み下さい。

★感覚統合チェックシート　2章の24ページから25ページにかけて載せた「音楽療法士のための感覚統合チェックリスト」は，そのページをコピーしていただけば何度でも回答できるようになっています。実際のアセスメントにご活用ください。

★音楽療法士のつぶやき　ここでは，主に楽器の製造や販売をなさっている方々へ向けた，楽器購入に関する音楽療法士の願いを言葉にしてみました。このコーナーが，楽器購入の需要と供給を少しでも円滑にするためのかけ橋となることを期待します。

★専門知識を得るには　この本は，感覚統合の理論としては入門書です。さらにしっかりした知識を身につけたい方々は，感覚統合療法の専門書を読んでいただくほか，日本感覚統合学会が主催する様々な講習会への参加をお勧めします。

（日本感覚統合学会ホームページ　http://www.si-japan.net/　）

もくじ

出版によせて ... 3
本書の構成と使い方 ... 4

1章 音楽療法と感覚統合

1. 音楽と感覚刺激 ... 9
2. 楽器と音楽療法 ... 13
3. 楽器と感覚統合 ... 18

2章 感覚統合の考え方を活かした音楽療法の進め方

1. 実践のつくり方 ... 22
2. 子どものアセスメント ... 23
   - 音楽療法士のための感覚統合チェックリスト ... 24
   - 感覚統合チェックリストと活動の対照表 ... 26
3. アセスメント結果の理解 ... 28
4. 実践の組み立て ... 33
5. セッションの進め方 ... 34
6. 音の提供 ... 35
7. 声の意味 ... 36

3章 子どもを伸ばし,挑戦を誘うユニークな楽器たち

1. 感覚統合の発達と楽器 ... 37
2. 触覚刺激を提供しやすい楽器 ... 39
3. 振動刺激を提供しやすい楽器 ... 41
4. 視覚で楽しめる楽器 ... 44
5. 体の配置と筋肉調整の感覚刺激を生む楽器 ... 46
6. 体全体を使う楽器 ... 47
7. 力のコントロールを促す楽器 ... 49
8. 操作性を要する楽器 ... 50
9. 伴奏に適した楽器 ... 55
10. 口を使う楽器 ... 57
11. 心地よさを感じる楽器 ... 60

| 12 ‖ 操作の簡単な音階楽器 | 62 |
| 13 ‖ 美しい音の音階楽器 | 63 |

4章 音楽を使った感覚統合あそび

活動の解説

1 ‖ 感覚調整の問題を持つ子どもに対する音楽療法
- 活動1　カバサでごろごろ … 69
- 活動2　スカーフひらひら … 70
- 活動3　あめふりの歌 … 72
- 活動4　ボールがごろり … 73
- 活動5　おしぼりごっこ … 75
- 活動6　どんな音かな？ … 76
- 活動7　カエルの合唱 … 77
- 活動8　おうまはみんな … 78
- 活動9　毛布ブランコ … 79

2 ‖ 感覚識別の問題を持つ子どもに対する音楽療法
- 活動10　音あてクイズ … 81
- 活動11　まねっこリズム … 83
- 活動12　大きな太鼓 … 85
- 活動13　トントン メトロノーム … 86

3 ‖ 姿勢や器用さの問題を持つ子どもに対する音楽療法
- 活動14　ハイハイフィッシング … 87
- 活動15　小さな大工さん … 88
- 活動16　あちこちおうち … 90
- 活動17　木琴5音あそび … 92
- 活動18　太鼓がなったら … 94
- 活動19　感覚統合サーキット … 96

4 ‖ 認知能力に関連した活動
- 活動20　ハンマー色あそび … 99
- 活動21　あいうえおの行進 … 101

5章 事例を通した音楽療法の実際

1 ▏ 集中して活動に参加できるようになった子どもの例 ……… 103
2 ▏ 音楽に興味のない子どもを伸ばす感覚統合アプローチ ……… 105
3 ▏ グループの音楽活動がもたらした自己有能感への一歩 ……… 107

音楽療法士のつぶやき

- その1 「こんな楽器がほしいのに……」……… 68
- その2 「音楽療法に使える楽器とは？」……… 74
- その3 「オーシャンドラムはいいけれど……」……… 80
- その4 「手を動かしたら音が出た！」……… 84
- その5 「重度の障害をもった子どもたちが音楽を楽しめるように！」……… 100

おわりに ……… 109

1章

音楽療法と感覚統合

1 音楽と感覚刺激

♪ 音楽療法

　皆さんは，普段どのように音楽を楽しまれていますか？　好きな歌手の音楽を聴いたり，カラオケで歌ったり，コンサートに行ったりするなど，音楽は多くの人にとってとても身近なものですから，皆さん様々な形で音楽を楽しんでいらっしゃると思います。静かな音楽を聴くと気持ちが落ち着いたり，元気のよい音楽を聴くと楽しくなったりするなど，音楽には私たちの気分を変える力があるだけでなく，音楽を聴くと自然に体を動かしたくなったりもしますね。さらに楽器を弾くと，腕や指先だけではなく，全身の運動能力を使うことになります。そのようなわけで，元気な方々だけではなく，様々な障害をもたれた方々の心や身体，ひいては生活を豊かにするために音楽を利用することが音楽療法の目的なのです。

♪ ある音楽療法の場面から

　音楽には，ほかにも様々な特徴があります。私の音楽療法の実践例からそれを考えてみましょう。このセッションに参加した3歳から4歳の子どもたちは，全員中度から重度の知的な障害をもっており，話し言葉は持っていませんでした。この日はアセスメントとしてラウンドベルという楽器を使ってみました。これは音階になった7色のベルが放射状に付けられている楽器で，ベルはくるくる回転するように作られています。

エピソード

　私が子どもたちの前でこのラウンドベルを回転させ，そっとばちを当てると，勢いよく流れ出る川のような音が聞こえてきました。子どもたちはみんな，まばたきもせずにその動きを見つめています。カラフルな色をしたベルがくるくる回る様子や，それに合わせて聞こえるきれいな音のつながりに子どもたちは一瞬で心を引きつけられたようです。そこで私は，子どもたちにその楽器で自由にあそんでもらうことにしました。

　最初の子どもはニコニコしながら，回転するベルをばちで何回も勢いよく叩きました。2番目の子どもは自分の手の平を回転するベルにそっと当てたかと思うと，次はほっぺたを当て，最後はなんと自分の足の裏をベルに当てようと足を上げました。3番目の子どもは，それまでベルの動きにじっと目をやっていましたが，楽器が自分の番に回ってきても，手を出すことなく，じっとその回転を見つめていました。そして4番目の子どもは自分で回してみたかったのか，ベルをつかみました。療法士が止まったベルを回すと，またつかみました。5番目の子どもは回転するベルに目は向けず，そっとベルに手を当てたまま天井をぼんやりと見ていました。

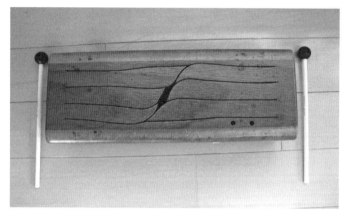

スリットドラム

ラウンドベル

オーシャンドラム

♪ 楽器が生みだす感覚刺激

　この例から何を知ることができるでしょう。まずわかることは，楽器は音だけでなく見たり触ったりする楽しみもあるということです。ラウンドベルのほかにも，例えば木製の箱に切り込みが入ったスリットドラムを叩くと振動が起きますが，この振動は筋肉や関節，骨に直接伝わる「体の配置と筋肉調整の感覚刺激（固有刺激）」となります。またオーシャンドラムは，揺らすとドラムの中の小さな無数の玉が大きな音を立ててあちこちに転がります。この時，聴覚と同時に，視覚や，オーシャンドラムを持っている腕の筋肉のはたらきやドラムの重さの動きも感じることができます。このように，楽器は聴覚だけでなく，視覚，体の配置と筋肉調整の感覚，触覚など様々な感覚情報を私たちに提供してくれます。

　その中でも，特に音楽の大きな感覚的特質として振動の感覚が挙げられます。この振動は楽器だけでなく，私たちが声を出す時には私たちの体の中でも起こっています。のどの奥にある声帯がふるえ，その振動が体や口の中で増幅されて大きな声が出るのです。このように音は空気の振動によって伝わりますので，楽器の多くはこの振動を増幅する構造を持っています。

　この振動はまた，私たちの骨や体にも伝わり様々な感覚器を刺激します。皮膚の表面では触覚ですが，骨に伝わる振動は強い体の配置と筋肉調整の感覚となります。この振動について事例を通して考えてみましょう。

バッファロードラム

エピソード

　重度の知的障害と中度の身体障害をもった成人女性のカレンは，自分の家の窓のそばに座ると，窓ガラスに耳をくっつけガラスを思いっきり強く叩きます。しかも大声を出しながら毎日窓を叩くらしく，家族はカレンが怪我をしないかと心配ですし，音も相当うるさいため，何とかそれを止めさせたいと音楽療法に連れてこられました。

　そこで音楽療法士は，大きなバッファロードラム（裏に持ち紐が張られたドラム）を提供してみました。カレンはやはり，そのドラムを耳に当て，割れんばかりの大きな音で，素手でドラムを叩き始めました。しかも「うーうー」と声を出しながら20分間もドラムを叩き続けたのです。そこで音楽療法士はドラムを支えながら，彼女と一緒にハミングをしました。このようなセッションをしばらく続けたところ，幸いにも家庭で窓ガラスを叩く行動がなくなったということでした。

　この事例から推測できることは，カレンは窓ガラスを叩いて生まれる強い振動を楽しんでいたのではないかということです。振動は，前に述べたように多くの感覚器を刺激する性質がありますので，カレンのように重度の障害をもたれた方の聴覚や触覚，体の配置と筋肉調整の感覚にもしっかりと刺激を伝えます。そしてこの刺激を，窓ガラスを叩くあそびを繰り返すことで感じていたと考えられます。その後，バッファロードラムを用いた音楽療法によっても同じ

ような感覚が得られたため，もう窓ガラスを叩く必要がなくなったのではないでしょうか。

♪「感覚は脳の栄養」

　感覚統合療法の生みの親であるエアーズは，「感覚は脳の栄養」であると言っています。つまり，私たちの脳がうまく機能したり，元気に成長したりするためには，身体の中や外からの感覚情報を私たちの脳がうまく消化，吸収する必要があるということなのです。私たちは，母親の胎内にいる時から動きや音などの感覚情報を得て育ちますが，もっと強い重力環境下に生まれ出た後は，さらにブランコやすべり台などで重力の方向や加速の感覚栄養を受け取り，それを消化吸収することでバランスや姿勢の保持を発達させていきます。また，お母さんに抱かれたり，泥や砂場あそびから様々な触覚栄養を受け取ったりすることで，自分の身体のイメージを発達させたり，情緒のコントロールや信頼できる人との関係を発達させたりしていきます。この考え方は，音楽療法を行う際にも大いに役立つと考えます。なぜなら，音楽療法では様々な楽器や身体の動きを使いますので，様々な感覚栄養を子どもたちの脳に提供できるからです。これが，私がこの本を書く出発点となった考えです。

　この考えに立って，前に挙げたラウンドベルのエピソードをもう一度見てみましょう。皆さんは，子どもたち一人ひとりが異なるあそび方をしたことに驚いたかもしれませんし，この楽器の扱いに慣れているわけではないのに，こうもユニークな楽しみ方があるものだと感心されたかもしれません。また，全ての子どもが同じ感覚刺激を求めているのではないこともわかります。この子たちの脳は，自分に必要な感覚栄養が何なのかがわかっているのです。そして様々な楽器の持つ音やその他の感覚的性質が，様々な感覚栄養を提供するすぐれた媒体になるということもわかります。

まとめ

- ☑ 感覚統合理論によると，様々な感覚情報の統合が子どもの成長にとって必要不可欠なものである。
- ☑ 音楽療法で用いられる様々な活動，特に楽器の操作から，多様な感覚情報が提供されるが，特に振動の感覚は楽器によって提供されやすい感覚である。
- ☑ 人が求める（必要とする）感覚栄養は個々に異なる。

2　楽器と音楽療法

♪ リコーダー

　リコーダーは日本の全ての子どもたちが小学校で習う馴染みの深い楽器です。でもこのリコーダーを演奏する手順を分析してみると，意外に難しいことがわかります。

① 両手（特に親指）でリコーダーを支え，力を抜いて軽く口にくわえる。
　この時，腕の力や親指の力が弱い子は手の指全部に力が入るため，指が思うように離せなかったり，なかには口で笛をくわえて支えたりしようとする子もいます。これは，単に腕や手だけでなく姿勢を保持する力も弱いため，腕を支えることも難しくなってしまうからだと考えられます。

② 息の強さをコントロールしつつ，指の動きと連動させながら吹いたり，曲の途中でタイミングよく息つぎをしたりする。
　特に，スタッカートのように息を細かく切る時は，舌を指の動きと連動させて細かく動かす必要があります。この息の強さのコントロールや舌の動きは，目で確認することができません。お腹の筋肉や舌の筋肉の動きを感じ取り（体の配置と筋肉調整の感覚情報），そのはたらきを調整する必要がありますが，これがとても難しい子どもたちもいます。

③ 曲に合わせてタイミングよく左右の指を別々に動かす。
　これに苦労している子どもたちもたくさんいます。それは，一つひとつの指を別々に動かす力（分離運動）や，左右の指の動きを協調させる力（両側統合）に加え，リコーダーの穴を正確に指の腹でふさぐ力を必要とするためです。不器用と言われる子どもたちは，この指の分離運動（特に薬指や小指）が難しいことが多く，穴を正確にふさぐために必要な触覚の発達（穴の位置や大きさを指の腹の触覚で探る力）が未熟なこともよくあるからです。

④ 以上を，時間的な調和を持った一連の作業として，一定のテンポの中でタイミングよく実行する。

　①から③までの個々の動きはできても，これらの動きをスムーズに協調させることが難しい子どもたちもいます。これを感覚統合の用語では「行為機能」と呼び，人の活動にとって，とても重要な力の一つだとしています。

　このリコーダーを吹く力は，子どもたちの日常生活のどのような動作とつながっているでしょうか？　まず③で挙げた左右の指の動きは，例えばパソコンのキーボードを打つ動作に似ていますし，お札を数えたり，あやとりをしたり，トランプを扱ったりする動作とも共通点があ

ります。また両手を使うことは，左右の異なる動きを協調させて一つの課題を行うわけですから，片手のみの作業と比べるとより高度な技術を要します。つまり，リコーダーを吹くことは，前述したような左右の手指の協調運動をスムーズに行う練習にもなっているというわけです。さらに，②で挙げたように，吐く息をコントロールすることは，呼吸の力を高めるためにも役立ちます。これは例えば，喘息の治療として笛を吹いたり，歌を歌ったりする活動が行われていることからも理解できます。

またメロディを演奏するためには，他の音やテンポを聞き取りながら，楽譜を見て，指を動かし，タイミングよく息つぎをするなど，多くの課題を同時進行でこなさなければなりません。これはとても高度な行為機能を必要としますし，集中力も必要です。けれどメロディにはつながりがありますので，その区切りまでは続けて演奏しようという動機づけになり，集中力を高めることにもつながります。

このように，複数の課題を同時進行で行うのに必要な能力のことを「注意の分割」と言います。これは例えば，先生の話に耳を傾けながら，同時に鉛筆を動かしてメモを取るなど，日常生活で必要となる能力です。ですから音楽活動は，日常生活に役立つ様々な力を育てることにもなりうるのです。

ただ，前述したように，多くの子どもたちにとってこの楽器を上手に扱うのはとても難しいので，音楽療法では，楽器や曲の性質を吟味して，必要な息の量や指の動きを子どもの能力に合わせる必要がありますし，場合によっては指穴にシールを貼るなど，楽器にちょっとした細工をすることもあります。

♪ 音楽療法と音楽レッスンとの相違点

音楽療法は，音楽の技術を高めることを目的とはしていません。この療法に参加する人たちの日常生活での問題解決や，生き生きとした生き方を支援することが最終目的なのです。音楽療法の大きな特徴は，音楽活動をその手段として用いることです。

もちろん，未来のピアニストを目指してピアノレッスンを一生懸命受ける子どももいるでしょう。でも音楽療法とレッスンは，目的が大きく異なることを意識しなければなりません。例えば，子どもの指先のコントロールをねらいとする際，私は小型の鉄琴をよく利用します。鉄琴を斜めに置き，その上から様々な大きさのガラス玉や他の素材でできたビーズ玉をつまんで落としてもらうのです。単純な動作ですが，その動作の後には，きれいな鉄琴の音が聞こえてきます。つまり，その動作に美しい音のフィードバックが付いてくるのです。高い所から落とすと強い音が跳ね返ってきますし，一度にたくさん離すと多くの音が流れてきます。また素材の違いによっても音が異なります。ですからこの聴覚フィードバックはもう一回やってみようという動機づけになりますし，自分の動作の因果関係や指先で感じた触覚の違いを音で再確認

する機会を提供することにもなります。このようにして，子どもは様々な発見をしながら，繰り返しこの活動を楽しむ中で，様々な指や手の使い方を学んでいくのです。

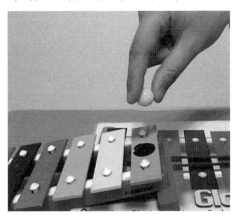

指を離すと音が返ってくる（聴覚フィードバック）

♪ 音楽の情緒的はたらき

さらに音楽には，情緒的なはたらきもあります。音楽療法では，このはたらきを意識して用います。子どもたちの中には，ぼーっとして脳の目覚めがはっきりしないような子どもや，気持ちが晴れなくて憂鬱そうにしている子どももいます。一方，興奮して落ち着きのない子どももいます。このような時，音楽は大きな力を発揮します。例えば，ラジオ体操に使われる歯切れのよいテンポ感のある曲は，気持ちを高揚させ，運動を促しますし，一方で，静かでゆっくりとした流れるような音楽は，人の気持ちを落ち着かせたり，場合によっては眠りまで誘うこともあります。

♪ 言葉を使わない音楽のはたらき

また音楽は，言葉による慰めよりもその人の心に響くこともあります。音楽は，話し言葉以上に，人々に様々なメッセージを送る力を持っているのです。その例を次のジョシュアの話から考えていきたいと思います。

エピソード

重複障害のある9歳の男の子ジョシュアは，目が見えませんし，気管切開のため声を発することも難しく，自分で体を動かすこともできません。知的にも重度の障害があり，言葉を通した意思の疎通もできません。しかし耳は聞こえます。このジョシュアが音楽療法にやってきました。

私は，ハローソングの後，楽器を使った感覚活動，発声促進のための歌唱活動を順々に行い，最後にグッバイソングを歌いました。このようにして毎回のセッションを行っていったのですが，なかなか明らかな反応が見られませんでした。ところが5回目のセッションの終わりに，私がいつもと同じグッバイソングを歌い出すと，驚いたことに，ジョシュアはこれまで聞いたこともないよう

な大きな声で急に泣き出したのです。それを聞いたジョシュアのお祖母さんは「これで音楽が終わりだとわかって悲しくなったのよ」と苦笑いしながら話してくれました。ジョシュアは歌が終わっても泣きやまず，車椅子を押されてセッション室を出ていっても，その泣き声は廊下にこだましていました。

　ジョシュアとのセッションではもう一つ忘れられないエピソードがあります。それまでは車椅子に座ってもらったままセッションを行っていたのですが，その回は，楽な姿勢になれるよう床に降ろし，後ろからお祖母さんにジョシュアの体を支えてもらいました。するとその途端，ジョシュアが声を発したのです。私はその声に合わせて歌おうと，あわててギターを手に取り，歌を歌い出しました。するとジョシュアは，私が1フレーズを歌った後に，それに応えるように次のフレーズで声を出したのです。そしてその後の1分ほど，ギター伴奏に合った音程で，私とかけ合いでハミングをしたのでした。それは10回のセッション中のたった1回でしたが，ジョシュアの音楽的な能力が垣間見られた出来事でした。

　この例で，音楽の持つ非言語的要素，つまり「言葉を使わないやり取り」について考えてみましょう。グッバイソングを聞いて泣き出したということは，それまでの毎回のセッションでその歌を聞いてきた経験から，グッバイソングがセッションの終わりと何らかの形でつながっていることを，ジョシュアは学習したと考えられます。このように，音楽は情動体験と結びつきやすいので，記憶として残りやすく，その歌の持つメッセージ，即ちある種の象徴的意味を，言葉を持たないジョシュアも理解できたと考えられます。これは，コミュニケーションの発達の大切な基盤の一つです。その意味でも，音楽は大事な役割を果たすことができるのです。

　また，ジョシュアにとって初めての歌であるにもかかわらず，私とやり取りができたのは，その歌の「拍」が重要な役割を果たしていたからとも考えられます。音楽は，例えば3拍子や4拍子のように，時の流れを一定の間隔で刻みながら進んでいきます。この規則的な時間の刻み（拍節構造）は先の予測を可能にしますから，拍子があると他者と一緒にタイミングよく歌うこともできます。

　さらに先を予測できることは安心感をもたらします。この言葉を必要としない音楽の規則的な流れは，話し言葉を持たない重度の障害のあるジョシュアにも十分に伝わったとも考えられます。

　さらに音楽は始めと終わりがはっきりしているので，時間のメッセージを伝えることができます。また特定の活動の象徴的な意味を伝えることもできます。例えば，毛布ブランコの活動に「ブランコゆらり」の歌を添えることで，小さな子どもにも何が始まるのか，いつ終わるのかを伝えることができます。

　メロディもまた，言葉を通さずに相手にメッセージを送ることができる音楽の大切な要素です。例えば，すべり台を登る時は，足を乗せるステップに合わせて半音ずつ音を上げていき，すべり降りる時は素早く下降形の音階を提供すれば，体の動きやすべり台の動きを伝えること

ができます。このように音楽は運動を誘ったり，動きを表現したりすることもできます。これは，言葉を学習する際の大切な要素です。言葉も音のつながりでできていますので，例えば「あがる」の意味は，直接あがる行為と，その時に同時に耳に入る「あがる」という音（この時に先ほどのメロディが大切です）とつながり，その象徴的意味が子どもに伝わっていくのです。自閉症の子どもたちは日本語より英語によく反応すると言われるのは，このように英語の方が抑揚がはっきりしていることも関係していると思われます。

まとめ

- ✓ 音楽は直接情動に働きかけ，その変化をもたらす。
- ✓ 音楽活動によって，日常生活に必要な集中力や運動能力，呼吸機能の向上を促すことができる。
- ✓ 言葉を使わなくても，リズム（拍・拍子）や和音（長調・短調），メロディによって，情報を伝えることができる。
- ✓ 音楽は，運動の始まりと終わりを示す合図となる。
- ✓ 聴覚フィードバックは，運動のプロセスや結果の手がかりを提供し，活動の動機づけとなる。
- ✓ 音楽は，言葉と同様に象徴的な意味を持つ。

3 楽器と感覚統合

　音楽は感覚統合のはたらきを高めるのに役立ちます。しかし音楽の使用が感覚統合のはたらきの全てを支えるわけではありませんし，音楽療法の中でできることも限られています。しかし，これまで述べてきたように，音楽にはほかでは補いにくいユニークな特徴があります。それらの特徴をもとに，楽器を通した感覚統合の話を始めましょう。

エピソード

　小学校3年生になったわたる君は，音楽の授業でリコーダーを習い始めました。しかしリコーダーがあまり上手ではありません。指を動かして吹いてみても，ピーッという甲高い音しか出ませんし，リコーダーを右手と左手で反対に持ってみたりします。よく見てみると，リコーダーの指穴を指でちゃんとふさげていませんし，目で指穴の位置を確かめないとその場所がわからないようです。そこで，触っただけでも指穴の位置を感じとれるよう，ノート用紙の穴の補強に使うドーナツ型のシールを指穴の周りに貼ってみました。すると，その感触がつかめたのか，隙間なく指穴をふさぐことができるようになり，ピーッという音は出なくなりました。それから後は練習が楽しくなったのか，毎日続けて吹いているうちにドーナツ型のシールははがれてしまいました。しかし，リコーダーは上手に吹けるようになっていました。

♪ 感覚の感じ方

　それまでリコーダーがうまく吹けなかった理由の一つに，触っただけでは指穴を正確に感じられなかったことが考えられます。ドーナツ型のシールを貼ることで穴のでこぼこ感を感じやすくなり，指先の触覚の弱さを補った可能性があります。

♪ 体の配置と筋肉調整の感覚

　正しい音が出せるようになれば，練習も苦痛ではないでしょうから，どんどん笛を吹いて上手になったと考えられます。では，なぜドーナツ型のシールがはがれても，指穴の場所を間違えなかったのでしょうか。それは，練習を重ねるうちに，指穴の位置や指の動かし方を指自体が覚えてしまったからだと考えられます。

ドーナツシールを貼った
リコーダー

　実は，このような筋肉の動きや関節の曲げ伸ばしにも感覚が働いています。この感覚は前述したように，「固有覚」という「体の配置と筋肉調整」をするための感覚で，簡単には「力の感覚」とも呼ばれています。例えば，太鼓を大きく叩く時と小さく叩く時は力の入れ具合が違

いますが，これは「筋肉調整」の役割ですし，ギターのコードを弾く時の，指の伸ばし加減は「体の配置」の役割です。つまり，体の配置と筋肉調整をする感覚が働くことが，楽器をうまく弾くためには必要なのです。

　この感覚情報を受け取る受容器は，筋肉の中や関節の周囲にあります。素手で思いっきり太鼓を叩くなどの動作によって，この体の配置と筋肉調整の感覚情報が大量に提供されることになるわけです。

♪ 動きとバランスの感覚

　感覚には，前述した体の配置と筋肉調整の感覚のほか，触覚，視覚，聴覚，味覚，嗅覚，そして動きとバランスの感覚（前庭覚）という，動きと重力の方向を感じ取る感覚もあります。体を回転させたりジャンプしたりすると，その動きが内耳の中の三半規管や耳石器で受け取られ，その情報が脳に届けられます。この感覚は平衡感覚とも呼ばれ，その情報は，例えば「どちらが上でどちらが下か」「今，自分は直立しているのか」など，自分の頭や体と重力との位置関係を把握し，バランスを取るために使われます。また姿勢や筋肉の緊張度を調整するためにも，この感覚情報が必要です。地下に深く根を張ったどっしりとした太い幹があるからこそ，枝が四方に伸びていけるように，私たちがピアノを自在に弾くためには，背筋を伸ばしてバランスよく椅子に座り，両腕を空中に上げていられるよう，体幹の筋肉がしっかりと腕を支える必要があるのです。

♪ できない理由を考えること

　ではここで，わたる君の例に話を戻しましょう。これまでに挙げた理由から，わたる君がそれまでリコーダーを上手に吹けなかったのは，わたる君の音楽的能力というよりも，感覚の感じ方の違いのためであったことがわかります。上手に楽器を弾けるようになりたいという願いがかなわないのは残念ですし，音楽を嫌いにさせないためにも，弾けない理由について考える必要があります。一般に，感覚過敏とその影響については近年よく知られるようになりましたが，感覚の感じ方が鈍いと，どのような影響があるのかについてはあまり知られていないように思います。しかし，このような場合についても考えてみると，わたる君の問題の理解につながるかもしれません。

　では次のエピソードを紹介しましょう。

エピソード

　4歳の男の子はじめ君は，子どもの叫び声や騒音が聞こえると思わず耳をふさぎます。音に過敏なためかもしれないと私は思い，低めの声で静かに「浜辺の歌」を歌いながらオーシャンドラムでおだやかな波のような音を流してみました。それでもはじめ君は耳をふさいだままでした。しかし，

ドラムの中に入った無数の小さな玉があちこちに転がっていく様子には興味を持ったようで，目で追い続けていました。

　そこで私は毎回，音楽療法でオーシャンドラムを使い，はじめ君にもドラムを動かしてもらうようにしたところ，次第に平気な顔で玉の揺れを見続けるようになりました。

♪ 感覚の不快感

　この例から考えられることは，はじめ君はオーシャンドラムの音を最初は不快に感じたようですが，音楽療法でこの楽器から流れる音を予測できるようになったということです。自ら操作した結果この音が出てくることを経験してきたため，その音を受け入れられるようになったことがわかります。また，この楽器が持つ視覚的なおもしろさが，はじめ君を引きつけたのも幸いしたと思います。

♪ 楽器の使い方

　楽器は，使い方によっては人に悪影響を及ぼすこともあります。楽器の音が大きすぎるとうるさく感じる人もいますし，楽器の振動に触れると気持ち悪いと感じる人もいます。ゆえに楽器の使い方には気を付けなければいけません。

　ですから音楽療法士にとって，クライエントの感覚特性を知り，それに合わせた適切な楽器の使用法をマスターすることは避けられない課題です。楽器の音質や音量，材質，操作の特性，与え方にも注意が必要です。例えば，クラシックギターにはプラスチック弦，フォークギターにはスチール弦を使いますが，その音質は異なります。一般に聴覚に敏感な子どもには，スチール弦の音は不快なことが多いようです。

　さらに感覚統合療法で使うブランコやトランポリンのように，単純に揺れたり跳んだりする繰り返しの運動では，動きとバランスの感覚刺激が大量に提供されますが，この感覚情報はとても強いので，子どもによっては吐き気などを起こすこともあり，長時間の運動は危険です。また聴覚も内耳とつながっているため，音によっては同じようにめまいや吐き気を引き起こすこともあります。

♪ 感覚統合とは

　ここで感覚統合のはたらきについて簡単に説明しておきましょう。エアーズは，感覚統合のことを「使うために感覚情報を組織化すること」と簡潔に説明しています。例えば，読書に集中するには，周りで聞こえる雑音や座っている椅子の感触など，不必要な感覚刺激を意識下に抑え，視覚に集中する必要があります。また自転車に乗るには，道路に沿ってハンドルを操作し，バランスを取りながらペダルをこぐ必要がありますが，この動作をスムーズに行うには，

視覚・動きとバランスの感覚・体の配置と筋肉調整の感覚のはたらきが必要ですし，聴覚を働かせ周囲の音にも気を配る必要もあります。つまりこれら全ての感覚が統合されることで，安全に自転車に乗ることができるのです。このように，脳はその場の活動がスムーズに行えるよう，体の内外から入ってきた感覚情報を整理したり，つなげたりしているのです。これが感覚統合の役割です。

♪ 感覚統合障害

では，感覚統合が適切に働かないとどうなるのでしょう。感覚統合障害は「体の様々な感覚から受ける情報をうまく使うことができないために，日常生活の出来事に対して，スムーズに対応できない状態」と説明されています。その障害は大きく分けると以下の2つになります。

（1）感覚の調整の問題　　　　感覚の感じ方が過度に敏感または鈍感なこと。
（2）姿勢や器用さの問題　　　体の両側を協調させて使うことや自分の手足をうまく環境に合わせて使う行為が苦手なこと。なお，これまでに紹介した「分離運動」「姿勢保持」「両側統合」「行為機能」の問題もこれに当たりますが，これらは3章で具体的に説明します。

まとめ

- ✓ 感覚は通常よく知られているいわゆる5感のほかに，「動きとバランス」と「体の配置と筋肉調整」の感覚があり，それらも日常生活の活動を支える重要な感覚である。
- ✓ 楽器を含め，感覚刺激は人に害を及ぼすこともあるので，十分に知識を持って扱う必要がある。
- ✓ 感覚統合がうまく働かないことが，様々な日常生活の困り感につながっている場合がある。
- ✓ ねらいを定めて音楽を用いると，感覚統合のはたらきを助けることができる。

2章 感覚統合の考え方を活かした音楽療法の進め方

1 実践のつくり方

♪ 子どもの特性を読み取る

　セッションの中で子どもに自由な行動を促すことは，感覚統合の考えを活かした実践において不可欠な姿勢です。それは，その行動の中に子どもの特性を読み取る重要なヒントが含まれているからです。例えば，右手から左手にばちを持ち替えて太鼓を叩こうとするのは，左手の方が実際には使いやすいことを示しているかもしれませんし，使い方が一貫していないようであれば，利き側が確立されていないことを意味するかもしれません。ギターのピックを上手に持てるのに弦の表面を指でなでて音を出す方を好むなら，弦に触れることで触覚刺激を多く求めているのかもしれません。

♪ 自信をつける

　自主性を尊重することは，さらに深い意味があります。子どもの学びの方法はみんな同じではありません。例えば，かけざんの九九を聞いて覚える子もいれば，九九の表を見て覚える子もいます。特に発達障害など個性的な発達をしている子どもたちの学び方はさらにユニークなことが多いのです。子どもはみんな強い好奇心を持って，すごい勢いで物事を学び取ろうとします。その時自分に合った方法でどんどん進んでいく子もいれば，自分に合わない方法で四苦八苦している子どももいます。そのような子には自分に合った方法を見つける手伝いが必要です。ですから大人が子どもを支援するには，子どもの行動の意味を分析する必要があります。子どもの自発的な行動は，その子のユニークな学び方を読み取る絶好の機会となります。

♪ 子どもに寄り添いサポートする

　大人の役割はその学びがうまくいくように，子どもに寄り添ってサポートすることです。その学び方がうまくいった時，子どもは初めて達成感を感じることができますし，自分に自信を持つことができるようになります。この成功体験の積み重ねによって，子どもは自分を価値ある人間だと感じる（自己有能感）ことができ，それがその後の人生を自分らしく，たくましく生きていくための原動力になるのです。

♪音楽を通したコミュニケーション

　音楽はコミュニケーションという意味でも，話し言葉に勝るとも劣らない力を持っています。音楽は言葉を介さずに「落ち着いて」「元気よく」「もうすぐ終わり」「始まり」「楽しい」「悲しい」等，感情を含む様々な情報を伝えることができます。また，合奏を通じて他の人（たち）とリズムを一緒に合わせることで人との関係や協調性を育てることもできますし，オリジナルのリズムやメロディを刻むことで創造性を発揮することもできます。みんなの前で発表することは，目的に向かって努力し称賛を得るよい機会になりますし，そこで達成感や自信も得ることができます。このように音楽は，言葉による理解や表現を超えた力を持つため，乳児から老人まで，また言葉を持たない重度の障害をもつ方から，異なる言語を用いる世界中の人とのコミュニケーションまで，ユニバーサルに使われ，愛される活動なのです。私たちは何らかの形で音楽なしには生きていけませんし，音楽は言葉の発達の基盤にもなっているのです。

　そのような意味で，音楽療法は人の発達の様々な側面に大きな影響を与えることができると言えます。では次に，実践に必要な具体的な話をいたしましょう。

2 子どものアセスメント

♪子どもの特性を知ること

　どのようなセラピーであっても，支援する子どもたちの発達特性や対応の禁忌を知り，目標を定めることなしに実践を始めることはありません。音楽療法も同様で，ただ楽器が上手に弾けるので音楽療法ができるというわけではないのです。（その音楽で多くの人を癒したり楽しませたりすることはできるでしょうが，それだけでは音楽療法とは言えません。）その中でも，特に注意して評価しなくてはならないものの一つに感覚の特性があります。音楽療法士が，もし音に過敏な子どものそばでツリーチャイムを大きく揺らしたとすれば，どんなに私たちがきれいな音だと感じていても，その子にとっては不快でしかなく，かえってその子を傷つける可能性があります。そうならないようにするには，まず初めに子どもの感覚の発達特性を理解する必要があります。そのために，事前に保護者から子どもの発達特性に関する情報を集めたり，アセスメントを意図した音楽療法セッションから実践を開始したりするのです。

♪チェックリストの概要

　ここに紹介する「音楽療法士のための感覚統合チェックリスト[1]」は，感覚統合の考え方をわかりやすく紹介している『でこぼこした発達の子どもたち[2]』の本を参考に，私が作成した

---

1 柿﨑次子著　2013音楽心理学音楽療法研究年報「感覚統合チェックリストの試案－非定形発達児への音楽を通した評価ツール－」p.56.5
2 キャロル・ストック・クラノウィッツ著　土田玲子監修（2011）『でこぼこした発達の子どもたち－発達障害・感覚統合障害を理解し，長所を伸ばすサポートの方法』すばる舎

音楽療法士のための感覚統合チェックリスト

A. よくある　B. 少しある　C. あまりない　D. 全くない　　左の4つから最も当てはまるものを欄に記入

Ⅰ　感　覚　調　整　機　能　の　状　態				
1．触覚過敏がある子に見られやすい行動		**2．触覚刺激を求める子に見られやすい行動**	
①カバサを子どもの腕の上に軽く転がすと，さっと腕を引っ込める。		①カバサを子どもの腕などに軽く転がすと，受け入れる。または自ら転がそうとする。	
②オートハープやギターの弦に触ろうとしない。ピックで弾いても小さな音でしか弾かない。		②オートハープやギターの弦，ツリーチャイムなどの楽器に触りたがる。	
③揺れるスカーフや帯状のリボンなどが，頬に触れると嫌がる。		③ギザギザした物，固く尖った物（カリンバ・ピックのへり，鉄琴の角）に触りたがる。	
④友達と手をつないだり，セラピストに触れる活動はやりたがらない。		④人や物に触りたがる。	
3．視覚刺激に敏感な子に見られやすい行動		**4．視覚刺激を求める子に見られやすい行動**	
①パラシュート・ツリーチャイム・ラウンドベルなどの動きから目をそらす。		①オーシャンドラム・ツリーチャイム・ラウンドベルなどを飽きずに見続ける。	
②マラカスや鈴などの楽器を目の前で振ってみせても，目をそらす。		②スカーフ・パラシュート・リボンの揺れ，色鮮やかな絵本，格子柄など目の込んだ模様を見るのが好き。	
③暗いところを好む。		③部屋の電灯をつけたり消したりする。	
5．聴覚過敏がある子に見られやすい行動		**6．聴覚に低反応な子に見られやすい行動**	
①突然の大きな音に過剰に反応し，声をあげたり，耳をふさぐなど感情的になる。		①周りが不意に大きな音で楽器を叩いても，大声をあげても，気にならない。	
②金属音の楽器，高い音や鋭い音，甲高い声などの音に不快感を示す。		②大声を張り上げたり，大きな音で楽器を叩くことが好き。	
③賑やかな場所を嫌ったり，そのような場所では落ち着かなくなる。		③周りの音や声掛けに気づきにくい。	
7．前庭覚に過敏な子に見られやすい行動		**8．前庭覚刺激を求める子に見られやすい行動**	
①体を抱きかかえてちょっと回しただけでもめまいを訴え，嫌がる。		①ピアノの上など，高い所によじ登ったり，飛び降りようとする。	
②ジャンプしたり，高い所から飛び下りるなど，活発な遊びをしたがらない。		②椅子を前後に揺らす，椅子から跳び下りるなどの行動がよく見られる。	
③仰向けや逆さまの姿勢を嫌がる。		③離席を繰り返す，グルグル回るなど，動き回る行動が目立つ。	
9．固有覚刺激を求める子に見られやすい行動			
①太鼓を，必要以上に力を込めて大きな音で叩く。			
②指先のほか，手首や肘などの関節で太鼓を叩こうとする。			
③蹴る，重たい楽器を投げる，弦を引っ張ろうとする，笛の吹き口を噛むなど，力を加えた行動が目立つ。			
④ウッドスティックやギロなどの振動を自ら頬骨や口に当てて求めようとする。楽器の振動に手足や耳，体をつけてさらに感じ取ろうとする。			

Ⅱ 行 為 機 能 の 状 態			
1. 感覚の識別		3. 器用さ	
①リコーダーの穴を指で正しくふさいだり，触っただけでフルーツマラカスの種類を識別することができない。		①木琴やボンゴを叩く時，体の左右中心を越えて反対側に手を伸ばすより，同じ側の手で叩こうとする。	
②楽器の音質や，人の声を聴き分けるのが苦手。		②ばちを軽く持ち，力を抜いて，トライアングルや木琴で響きのある音を出すのが難しい。	
2. 姿勢と筋緊張		③大きな音と小さな音を交互に叩くなど，力加減をうまくコントロールできない。	
①何かにもたれる，肘をつき頭を支える，椅子からずり落ちるなど，姿勢がくずれやすい。		④リズムに合わせて，1つのドラムをスムーズに，片手ずつ交互に叩くことができない。	
②楽器を持つ時，肘を胴体から離して楽器を支える，または机に肘をつかないで腕を支えるのが難しい。		⑤楽譜を見ながら楽器を弾くなど，目と手を同時に使う作業がスムーズにできない。	
③笛を吹く時に空気がもれないよう口を閉じておくことが難しい。よだれが出やすい。		⑥人の動きを真似て体を動かしたり，楽器を操作したりすることが苦手。	
		⑦言葉で聞いただけでは体の動かし方がわからず，モデリングや手を取っての補助がいる。	
		⑧楽器をケースにしまう際，楽器をうまく操作できず，もたもたしたり，楽器がはみ出してしまう。	

感覚統合チェックリストと活動の対照表

チェックリスト項目			4章　音楽を使った感覚統合あそび	
Ⅰ	1, 2	①	1．カバサでごろごろ p.69	
	1	③	2．スカーフひらひら p.70	
	3, 4		2．スカーフひらひら p.70	3．あめふりの歌 p.72
	5, 6		6．どんな音かな？ p.76	7．カエルの合唱 p.77
	7, 8		8．おうまはみんな p.78	9．毛布ブランコ p.79
	9		4．ボールがごろり p.73	5．おしぼりごっこ p.75
Ⅱ	1	②	6．どんな音かな？ p.76 10．音あてクイズ p.81	7．カエルの合唱 p.77 11．まねっこリズム p.83
	2	①	8．おうまはみんな p.78	14．ハイハイフィッシング p.87
		②	12．大きな太鼓 p.85	17．木琴5音あそび p.92
	3	①	12．大きな太鼓 p.85 16．あちこちおうち p.90	13．トントンメトロノーム p.86 20．ハンマー色あそび p.99
		②	15．小さな大工さん p.88	17．木琴5音あそび p.92
		③	12．大きな太鼓 p.85	
		④	16．あちこちおうち p.90	17．木琴5音あそび p.92
		⑤	16．あちこちおうち p.90	20．ハンマー色あそび p.99
		⑥	8．おうまはみんな p.78	13．トントンメトロノーム p.86
			15．小さな大工さん p.88	
		⑦	13．トントンメトロノーム p.86	18．太鼓がなったら p.94
		⑧	16．あちこちおうち p.90	

活用例：この表の一番上の左の欄「Ⅰ　1，2　①」は，感覚統合チェックリストの上位項目「Ⅰ．感覚調整機能の状態」の下位にある「1．触覚過敏がある子に見られやすい行動」および「2．触覚刺激を求める子に見られやすい行動」の，それぞれの①の項目「カバサを子どもの腕の上に軽く転がすと，さっと腕を引っ込める。」および「カバサを子どもの腕などに軽く転がすと，受け入れる。または自ら転がそうとする。」を意味します。そして，これらの項目に出てくるカバサの使い方は，p.69の「1．カバサでごろごろ」を見るとわかります。

楽器を使う簡易型のアセスメントです。1章で紹介しているような感覚統合関連の特性やその有無を把握するために，私が日常の音楽療法のセッションで使いやすいように作ったものです。主に行動観察と楽器の使い方を見るだけですので幅広い年齢層に使えますが，基本的には幼児から小学生までを対象としてイメージしており，その使用に言語理解の力はあまり要求してはいません。内容は感覚統合の主な領域を網羅しており，チェックする人が感覚統合の知識にあまり詳しくなくても，また音楽の高度な演奏技術がなくとも使えるように考えました。

使い方は，行動観察または指定された楽器使用に関する質問に対し，4種類の回答から最も子どもの反応に近いものを選択するやり方です。行動観察を除いて，楽器の項目の全てを実施するのに1時間から2時間は必要になりますので，子どもによっては2～3回に分けて行うとよいでしょう。ただし，これはあくまで音楽を通した観察評価ですので，子どもの感覚統合の発達状態をさらに詳しく，客観的に把握し，支援目標を立てるためには，日本感覚統合学会が主催している評価の講習会に参加し，きちんとトレーニングを受けることをお勧めします。せっかくの貴重な情報も，正確な知識がなければ活かすことができません。もし映像による記録も許されるなら，再度反応を見直し注意深く観察ができますので，より信頼できる分析と結果が出せるでしょう。

♪ チェックリストの使い方

まず行動観察の項目から始めるとよいでしょう。行動観察には，日常生活において観察できる行動が多く含まれています。子どもの様子を思い浮かべつつ，できるだけ客観的にチェックしてください。また音楽療法や療育の中で観察される行動のほか，家庭での様子を保護者に聞いてみると，一日の生活を通してより広範囲に情報が入手できるでしょう。なお，チェックリストの項目のうち行動観察で調べられる項目は下線が引かれています。

次に，楽器を使った項目をチェックします。楽器はできるだけ子どもに自由に使ってもらうことが大切ですが，ここで使われる楽器類のほとんどは，3章および4章で紹介していますので，これらの章を参考に感覚統合的な使い方を把握してください。また26ページの「感覚統合チェックリストと活動の対照表」を見ると，感覚統合チェックリストの各チェック項目に適した4章の活動を見つけることができます。

♪ 自由に楽器にかかわってもらいながらの観察を

　アセスメントでは使用する楽器をある程度指定していますが，個々の子どもの発達は様々ですから，同じ性質を持った楽器を代わりに用いてもよいですし，使い方をあまり限定せずに，できるだけ自由に楽器にかかわってもらい，その中で子どもの様子を注意深く観察することが重要です。例えば，オートハープは楽器の部分によって音質が相当異なりますので，子どもに自由に弾いてもらう中で，一番よく響く弦の中央と普通は弾かない弦の端との弾き比べを提案したり，その音質の違いに気づくかどうかを試したりすることで，聴覚識別の能力を知ることもできます。この点，個人でアセスメントを行う方が，いろいろその子どもに合った提案や工夫ができますが，集団では個々の子どもの反応の違いや，他の子どもの様子に誘われて，もしくは，嫌って反応が変わる様子を観察できる機会を得られるかもしれません。

♪ 楽器の組み合わせ方

　1回のアセスメントの中で，同じ感覚的性質の楽器を続けて提供すると，感覚の慣れが生じることがあります。慣れやすいか，慣れにくいかを観察するのも感覚調整の大切な評価の観点です。例えば，固有覚刺激を大量に求める子どもに，同質の刺激のタンバリンとジャンベを使う際，その使用順番によって感覚刺激の受け取り方が異なるかもしれません。例えば，弱めの刺激のタンバリンを先に提供すると，その後に強い刺激のジャンベまで続けて叩きたがるかもしれません。しかし楽器の順番を入れ替えた場合，刺激に慣れやすい子どもは異なる反応を見せる可能性もあります。ですから次のセッションでは順番を変えてみてもよいと思います。

3　アセスメント結果の理解

♪ チェックリストの読み方

　全ての項目は「A.よくある」が最もその可能性が高く，一方で「D.全くない」は最もその可能性が少ないことを示しています。例えば，「I.感覚調整機能の状態」の「1.触覚過敏がある子に見られやすい行動」の①から④の多くが「A.よくある」や「B.少しある」にチェックされたとしたら，そのお子さんは触覚過敏を持っている可能性が大きいと解釈されます。ただ，このチェックリストは，他の子どもと比較できるように客観的に数値化した検査法ではありませんので，解釈には注意が必要です。このチェックリストの目的は，子どもの感覚上の特性を音楽活動を通して把握し，音楽療法の実践に適した楽器や環境を用意するための情報を得ることです。

♪ アセスメントの理解

　では検査結果をさらに深く理解し，実践のガイドラインとなるよう説明を加えます。なお，この結果にもとづいてセッションを行う場合にも，26ページに挙げた表「感覚統合チェックリ

ストと活動の対照表」を参考にすると楽器や活動の方法がわかりやすいと思います。

Ⅰ．感覚調整機能の状態

　感覚調整機能とは身体の内外から入ってくる感覚刺激を，脳が目的に応じて適切に調整するはたらきのことを言います。ちょうどラジオのチャンネルを，ダイヤルを回して程よく聞こえるように調整するようなものです。ですからそのはたらき具合，つまり特定の感覚刺激をどの程度敏感に感じるか，または感じにくいかは人によっても，またその時の状況によっても異なります。例えば，シーンとした部屋でおばけが出るかもしれないとびくびくしている時，私たちでもカサっと小さな音がしただけで飛び上がるほど驚くかもしれません。しかし普段の生活では，このように毎日びくびくしながら生活しているわけではありません。ところが子どもたちの中には，日々の生活で何気なく入ってくる様々な刺激を脳がうまく調整できず，常にびくびくしながら生活している子がいるかもしれません。そのようなわけで，この感覚調整の問題というのは，なかなか客観的に捉えにくく，その子どもの持つ日常生活での困り感や特性を示唆する情報を丁寧に集め，それに直接的な観察を加え，理解，支援する必要があります。

1．触覚過敏がある子に見られやすい行動

　カバサは，私の経験では，多くの子どもたちがこの楽器に何らかの反応をしたので，必ず試してほしい楽器の一つです。数珠が金属でできているので，見た目は冷たく硬い印象を与えるかもしれません。カバサに触れた途端，子どもがさっと手を引っ込めるようであれば，少なくとも，その時，カバサの触感を不快または恐怖として感じた可能性があります。その後，しばらくこの楽器で遊ぶことで最初の印象が変わる子どももいますが，この触感に対して不快感情を示し続けるようでしたら，過敏の兆候の一つとして考えられるかもしれません。そのような場合，少し強めに押さえるようにして転がすと筋肉調整の感覚や圧迫刺激になりますので，触覚に過敏なお子さんでも受け入れられる可能性があります。4章の「活動1　カバサでごろごろ」を参考にして下さい。

　このように子どもが楽器に触ろうとしない時，無理強いしないことが大切です。子どもは一度不快な体験をすると，その記憶から後の活動を拒否してしまうかもしれないので，3章に紹介した楽器の中から，嫌悪感を与えにくいものを選び，少しずつ試していくとよいでしょう。一般にこのような子どもたちは，軽く触れられるのは苦手ですが，自分から物に触れるのは大丈夫なことが多いので，観察をする時にこの違いにも注意してください。また，感覚刺激に対する反応は，環境や状況によって異なることもよくあるので，ある項目が当てはまる時，他の環境においても同様の反応が見られるかどうかも観察してみてください。

　さらに，感覚調整のはたらきに偏りがある子どもは，直接それを拒否するだけではなく，行動が荒くなったり，落ち着きがなくなったり，不安や恐怖など情緒の変化が現れることも多いので注意が必要です。

2．触覚刺激を求める子に見られやすい行動

　積極的に触覚刺激を求める子は，あまりきれいとは言えない公共の建物の壁や塀などを触って遊ぶこともよくあり，保護者はついその行動を抑えてしまいがちです。このような時，子どもが楽器遊びでこの欲求を満たすことができれば，保護者も叱らないで済みます。4章の「活動1　カバサでごろごろ」は，このような子どもの活動としても適切です。

　また，ぎざぎざした物や固く尖った物に触れたがるのは，はっきりした触覚の方が感じやすいからかもしれません。

3．視覚刺激に敏感な子に見られやすい行動

　遊具として販売されているパラシュートは派手な色使いのものが多く，この特徴を持つ子には刺激が強すぎる可能性があります。この場合，パステルカラーのようなおだやかな色の布で代用するのも一つの方法です。

　また，面前に細い尖ったものが迫ってくるような遊具も苦手かもしれません。このような場合，過剰に刺激されて落ち着かなくなる子も多くいます。

4．視覚刺激を求める子に見られやすい行動

　動く楽器は多くの子どもたちの興味を引きつけます。このほかレインスティックのように，中の動きを見て楽しめるように工夫したものが多くあります。また楽器ではありませんが，万華鏡や砂時計，クリスマスツリーのような音と光の点滅が楽しめるおもちゃなども用いて観察してみるのもよいでしょう。

5．聴覚過敏がある子に見られやすい行動

　一般に，金属楽器やハイピッチの声に対する反応に注意してください。集団で音楽を楽しむ際は，大勢が同時に音を出してもよい音になるような木製の楽器を使い，小さな音で反応を見てみましょう。音楽療法を集団で行うと，騒がしい環境になりがちですので注意が必要です。

6．聴覚に低反応な子に見られやすい行動

　このような特徴がある子どもを含んだ集団活動では，比較的大きなはっきりした音やコントラストの強い音を使うとよいのですが，グループメンバーの組み合わせには配慮する必要があります。そうでないと聴覚過敏の子にとってはとても苦痛なグループになってしまいます。

7．動きとバランスの感覚（前庭覚）に過敏な子に見られやすい行動

　このような特徴がある子どもは，毛布ブランコ等の揺れや回転，頭が下になるような姿勢を怖がります。決して運動遊びを無理強いしないでください。けれど音楽は体の動きを自然に誘

う場面がたくさんありますので，そのような場面で子どもの反応を観察してください。バルーンやロッキングチェアーを椅子代わりにする等，自分で楽しみながら動かせる物を試してみるといいでしょう。

8．動きとバランスの感覚（前庭覚）刺激を求める子に見られやすい行動

　このタイプの子どもは，高い所が好きだったり，着席を維持するのが苦手だったりします。その場合，椅子代わりに，写真のようなエクササイズボールに座らせてみるのもいいでしょう。ボールの下に，植木鉢用の受け皿を置けば安定します。また，走ったりジャンプしたり，ごろごろしたりなどの，動きのある音楽活動を企画するといいでしょう。そうすることで，その後は着席を維持しやすくなるかもしれません。

膝が直角になる大きさのボールが最適

9．体の配置と筋肉調整の感覚（固有覚）刺激を求める子に見られやすい行動

　太鼓は本来，適度に腕の力を抜いて叩くといい音が出るものですが，この感覚を求める子は過剰に力を入れるため，強く叩いたり，投げたり，さらには紐や弦を引っ張る等，乱暴な行動として見られがちです。その上，その行動を叱られたり，止められたりするかもしれません。その点，太鼓はこのような感覚欲求を適応的に満たしてくれるよい楽器です。楽器を自ら頬骨や口に当てるような行動がよく見られる場合は，特に振動の感覚を求めていると考えられます。振動は，骨や筋肉にある感覚受容器を効果的に刺激することが多いのです。

Ⅱ．行為機能の状態

　行為機能とは，内外から入ってきた感覚情報を手がかりにして，姿勢を支えて両手を使ったり，体を器用に動かすはたらきのことです。

1．感覚の識別

　感覚の識別は，例えばポケットから5円玉だけを取り出したり，遮断機の音を聞いて踏切で止まる時など，安全に日常生活を送るための大切なはたらきをしています。音楽療法を通してもこのような力を育てることができます。

2. 姿勢と筋緊張

　筋緊張（筋肉の張り）が低い子どもは，指摘されると意識的に姿勢を立て直すことはできるのですが，無意識に自然に姿勢を保持するのが苦手です。見た目には，やる気がなく弱々しく感じられるかもしれません。無意識に姿勢を保つことができるようになるには，以下の写真のようにスクーターボードにうつ伏せになり，重力に逆らって背中の筋肉が働くような活動も役に立ちます。このような小型の感覚統合道具は音楽療法の場面でも使ってほしいものです。

スクーターボード（まっすぐに進めるよう床に直線を引いておけば，体の中心軸の確立を促します）

1辺30cmの小型のボードなら音楽療法でも手軽に使えます

　筋緊張が低いと，腕を空間に上げておくことが大変なため，肘をついたり，手も支える方に使われるため，指先を上手に使えないかもしれません。このように，筋緊張の低さは，姿勢だけでなく，腕や足，さらに口の周りの筋肉（口輪筋）の動きにも表れることがあります。頬の筋肉も重力に逆らって働いているからです。

3. 器用さ

　体の中心線を越えて反対側の空間を操作するような動き（正中線交差）が自然に見られないのは両側統合がうまく発達していない時に観察されます。また，力の入れ方を上手に調節できるかを見たりします。両手でドラムを叩く際，両手で同時に叩くのに比べると，片手ずつ交互に叩く方が難度は高く，さらにリズムに合わせるようにすると，さらに高度な調節能力を必要とします。また目と手を協調させて働かせる「目と手の協応」と呼ばれる能力は，黒板に書かれた文字を写す時などにも必要なので丁寧に観察する必要があります。動きを言葉のみで理解できるかを見たり，楽器をケースにしまう時の様子もよく観察したりしましょう。このような課題が難しい場合，不器用さのほかに形や視空間認知の問題があると考えられます。

　以上の説明から，音楽活動を通した子どもの特性や，問題点の把握の仕方を理解していただけたと思います。アセスメントは，子どもの全般的な発達特性や保護者が感じる困り感などについて総合的に行わなければなりませんが，感覚統合の発達の側面では，特に，①感覚調整上の特性と，②姿勢の保持や手先や体の使い方の特性を把握することがポイントとなります。

4 実践の組み立て

♪ 結果の共有と目標設定

　アセスメントの結果は，音楽療法に活かすだけではなく，子どもの成長を見守る保護者および療育や教育の担当者と共有しなければなりません。それによって子どもの日常生活上の問題とアセスメント結果との関連性も浮かび上がるでしょうし，音楽療法によってできることや，しなければならないことも明確になります。

　これは例えば，多動や集中力のなさ，姿勢の悪さ，手先の不器用さ，運動の苦手，こだわり，人との関係，コミュニケーションの問題など多岐にわたる可能性があります。これらの改善を音楽療法の目標とすることで，その成果を子どもの日常生活の質の向上に活かすことができるのです。

　例えば保護者の方は，子どもの多動性や集中力のなさ，姿勢の悪さ，手先の不器用さ，運動が苦手であること，音・感触・色などの感覚刺激物へのこだわりを気にしていらっしゃるかもしれませんし，人との接し方や言語コミュニケーションの問題を訴えられていらっしゃるかもしれません。その困り感の改善を音楽療法において目標とすることで，初めて子どもの日常生活に音楽療法が役立つことになります。

♪ グループセッションと個人セッション

　感覚統合療法は個人セッションが基本ですが，音楽療法のセッションは，療法の目的や対象児のレベルに応じてグループでも個人でも行われます。しかし，子どもの特性を把握して，その子の目標に向かって支援を行うためには，やはり個人セッションを基盤として，その特性を見極めてからグループを組む方が，個々の子どもに対するかかわりの焦点を定めやすいでしょう。また，障害に詳しい専門家との連携も必要です。

　とは言え，感覚統合は全ての人間がもともと持っているはたらきですから，子どもの健やかな成長をサポートするという意味では，この本に載せられた感覚統合活動のほとんどは，セッションで自由に使っていただけると思います。また子どもによっては，グループセッションの方が，よいモデルや模倣などの動機づけが得られやすいこともよくあります。みんなで一つの音楽を奏でることは，グループとしてのまとまりや達成感，相手に合わせたり協力したり，役割分担をしたりするなど，高い社会的能力を育みますし，グループだからこそできる楽しい活動になるでしょう。

　ただ感覚に過敏な子どもにとって，聞こえてくる騒音や予期できない接触は防ぎようのないストレスになりますので，グループセッションでは子どもの組み合わせに配慮が必要です。

5 セッションの進め方

♪ 活動の流れを大切に

　私たちがスポーツをする際，急に走り出したり止めたりはしません。まずは，ウォーミングアップから始めます。脳の活動も同じだと考えてみてください。脳の目覚めの状態が低いぼーっとした子どもなら，ジャンプしたり，走ったり，リズミカルでアップテンポな音楽から始めたりするといいでしょうし，逆に興奮して落ち着かない子どもだったら，静かなゆっくりした音楽で始めるのがいいでしょう。

　そして脳の活動のウォーミングアップが済んだら，ちょっと挑戦的で集中力を必要とする音楽活動に進み，最後はゆっくりと脳を落ち着かせて帰ってもらうといいでしょう。刺激が入り過ぎると，興奮して落ち着きがなくなったり，がんばりすぎて集中力を切らしたりすることもありますので，やり過ぎないよう，絶えず子どもの様子を観察しながらセッションを進める必要があります。

　以下に紹介する例は，私が普段よく行っている子どもたちのグループセッションのプログラムです。このグループでは，まず活発な運動活動を取り入れ，その後集中力が高まったタイミングを見て，頭を使う少し挑戦的な活動を行い，その後クールダウンの活動をして終わるようにしています。

音楽療法グループセッションプログラム例

	ねらい	活動の詳細
1．始まりの歌	始まりを意識する 弾き方のアセスメント	オートハープを1人ずつ弾く 観察（ピックの持ち方・楽器振動の反応）
2．感覚統合サーキット	様々な感覚刺激の提供による活動水準のコントロール	簡単にならせる打楽器を子どもたちに選んでもらい，それをならしながら，人工芝，フープなどを越えて行進する
3．鈴	ボディイメージを高める	手首や足首に付けた鈴を，指示を聞いてならす
4．トーンチャイム	役割分担，集中力，追視	色楽譜を見ながら担当の音をならし全員で演奏
5．オーシャンドラム	クールダウン	円形に座り，上で揺らされる楽器を見て静かに音を聴く
6．終わりの歌	終わりを意識する	歌を歌い，終わりの挨拶をする

※2・3・4の活動の詳細は3章と4章を参照して下さい。

　注意しなければならないのは，子どもたちの特性によって，感覚統合サーキットやオーシャンドラムの目的が異なるということです。その意味においては，この表では最初に始まりの歌を持ってきてはいますが，じっと座っていられない子どももいますので，感覚統合サーキットのような運動活動から始めるのもよいでしょうし，始まりの合図として指導者が短い歌を歌うだけにして運動活動に進む方法もあります。そうすれば，覚醒レベルが調節されやすくなるの

で，その後の活動がより順調に進むでしょう。

6 音の提供

音楽療法の実践における重要なポイントの一つは，音の提供の仕方に注意することです。提供された音が子どもにとって大きすぎると，発作やパニックを起こしたり，その後のセッションを受け入れなくなったりするかもしれません。しかし十分に注意して提供すると，問題は予防できると考えます。

♪ 音や声の大きさ

初めての子どもの場合は特に注意が必要です。指導者は自分の声量や質が人に与える影響について，客観的に理解しておく必要があります。子どもに話しかける時は，できるだけ低めの声でゆっくりとおだやかに，また，少し離れた所から話し始め，反応を見ながら近寄るといいかもしれません。同様に，楽器を試す時も小さい音から始め，耳をふさいだりする子がいないか注意しながら，徐々に音量を上げるとよいでしょう。

♪ 音や声の質

楽器は木製の物や金属製の物など様々ですし，材質や音の高さによっても子どもの反応は異なります。さらに提供する側には不快ではなくとも，受ける子どもには不快な音となることもあります。実践を開始する前に，感覚チェックリスト（注：子どもの感覚情報の捉え方を把握するためのチェックリストがいろいろあります。日本感覚統合学会のホームページから無料でダウンロードできるJSI-RやJSI-3Dのほか，『でこぼこした発達の子どもたち』や『感覚統合Q＆A』（土田玲子監修　石井孝弘・岡本武己編集　協同医書出版社）の本の巻末にもチェックリストがついています。また最近日本で標準化された，子どもから成人まで使える感覚プロファイルも市販されています）により，子どもの音に対する特性をあらかじめ把握しておくことをお勧めします。

さらに同じ人間であっても，話し声と歌声の質は違います。自分の歌声を録音すると，客観的に把握することができるかもしれません。

♪ 予告して聴かせる

初めての楽器を提供する時には，4章の「活動6　どんな音かな？」のように，歌の中の決まったタイミングで楽器の音を聴かせてみて反応を見るとよいでしょう。

♪ 自分で楽器を操作してもらう

　前にも説明したように，同じ音でも人がならすのと自分でならすのとでは受け入れ方が違います。特に過敏な子どもならば，自分で音を操作してもらう方がずっと受け入れやすくなります。ですから自分で自由に楽器を使って遊んでもらうのは大切なステップです。3章の「ラウンドベル」や「オーシャンドラム」のように視覚的なおもしろさを同時に提供する楽器など，子どもが興味を持つ楽器はどのようなものか試してみるとよいでしょう。

7　声の意味

♪ 声も楽器

　指導者の声についての注意点は前述の通りですが，声も楽器の一つとして重要なセッション道具であることを忘れてはいけません。話し言葉を使ったやり取り以前に，声そのものの持つコミュニケーションの可能性や影響についても知っておく必要があります。例えば，1章で紹介した，声を出しながらバッファロードラムを叩いたカレンの事例を思い出してください。声で感情を表現できますし，さらにそこにメロディやリズム，ピッチなどが加わると，もっと複雑な情報を伝えることもできます。これは，言葉を話す前の赤ちゃんや重度の障害をもった方々が声をコミュニケーション手段として使っている様子からもわかります。

♪ 抱っこと声と振動

　機嫌の悪い赤ちゃんでも，お母さんに抱っこされて子守唄を聞きながら揺らされると，そのうちに眠ってしまいます。ここでも多重の感覚刺激が提供されています。抱かれることで体験されるお母さんの身体の柔らかさや温かさ，そして抱きしめられることで体験される触圧覚，そして軽く揺らされることで体験される動きとバランスの感覚，そして耳から入るお母さんの静かな気持ちいい声とメロディ，そしてお母さんの身体から直に伝わる振動の感覚です。つまりお母さんが子どもを抱っこして歌を歌うことは，子どもに豊かな多重感覚刺激を提供する絶好の機会なのです。その意味において，声そのものをセラピーの道具として使いこなすことのできる音楽療法は，感覚統合の視点から見てもとてもユニークな特性を持っていると言えます。

3章 子どもを伸ばし，挑戦を誘うユニークな楽器たち

1 感覚統合の発達と楽器

♪ 聴覚以外の感覚刺激

　楽器が音以外にも様々な感覚刺激を生み出すことは，これまでの章でおわかりいただけたと思います。ここからは，音以外の感覚刺激を含めた楽器の特徴について検討し，通常の奏法とは異なるユニークな使い方について具体的に説明していきます。

　その中でも特に，楽器が生み出す振動は，音になると聴覚ですが，それ以外にも，骨に伝わると体の配置と筋肉調整の感覚刺激となりますし，そっと触ると触覚刺激となるなど，様々な感覚受容器を刺激する特別な性質を持っています。また楽器の色や動き，感触など，楽器はユニークな方法で様々な感覚刺激を提供します。そのようにして提供される感覚刺激は，それが対象の子どもに合っていれば，その子の健全な成長を育む脳の栄養になるのです。

♪ 感覚統合のはたらきと用語

　楽器の感覚統合的な使い方について紹介する前に，これまで出てきた感覚統合の様々なはたらきとその用語についてまとめておきましょう。

（1）行為機能：音楽療法で言えば，「自分の体をうまく使って楽器を操作する能力」のことを意味します。その中には，楽器をどう扱うか考えたり工夫したりする能力（観念化：アイディエーション）や，その考えに従って動作を組み立てる能力（プランニングや順序立ての能力），そして以下に示す様々な運動能力が含まれます。

① **両側統合**：「体の左右両側を協調させて使う時などに見られる脳の左右半球の情報を統合する力」のことで，太鼓からギターまで両手を使って弾く楽器は全てこの能力を必要とします。

② **正中線交差**：両側統合の能力の中には「体の反対側に手などを伸ばして何かを行う」ことも含まれます。両側統合がうまくいかないように見える子どもたちの中には，右側にあるものは右手で，左側にあるものは左手で操作する傾向が見られるのです。つまり，体の中心線を越えた手足の使い方が苦手ということになります。楽器の中には，この正中線交差の力を観察したり，意図的に促したりすることができるものがたくさんあります。例えば木琴等の打楽器の操作には，ばちを体の反対側まで伸ばして音を出す操作がよく見られます。

またこのような子どもたちには，利き手の混乱が見られる場合もあります。これも両側
　　統合の問題を示す一つのサインで，ラテラリティ（左右の脳の役割分担の能力）がまだで
　　きあがっていない可能性を示します。楽器の操作を観察することで，このような能力も観
　　察できます。
③ **姿勢保持**：発達障害をもつ子どもたちの中には姿勢が悪い子どもがたくさんいます。そ
れは，脳のはたらき，つまり地球の重力方向やその強さを的確に捉え，その「重力に逆ら
って体幹をまっすぐに保っておく能力」が弱いためと考えられます。楽器の多くは，腕を
空間にしっかり保持することを要求します。この能力は，動きを感じ取ったり，バランス
を取るために必要な感覚に関係しています。
④ **指の分離運動**：「個々の指を別々に動かす能力」のことで，リコーダーを吹く時に指穴を
ふさいだり，ピアノのキーを叩いたりする時に必要な能力です。発達障害をもつ子どもた
ちの中には，この分離運動も含め，手足の使い方がとても不器用な子どもたちがたくさん
います。手先を細かく使うためには，その腕をしっかり支える姿勢保持の力も必要ですが，
まずは，しっかり握る力や手の平で支える力から育てる必要があります。楽器の中にはば
ちを持って叩くなど，指の分離運動の基礎になるようなものもたくさんあります。

♪ ばちの使い方について

　打楽器は様々な叩き方をすることができます。この叩き方の難易度をレベル分けしておくと，
アセスメントや音楽療法のセッションを考える際に役に立ちます。ここでは太鼓を叩く例を挙
げて，両側統合の視点に沿った基本的な段階づけの例を示します。
　この時，太鼓を子どもの身体の正中線（真ん中）に置くことが大切です。2つの場合は1つ
は体の右側，もう1つは左側に置きます。また子どもに利き手ばかりでなく，非利き手も使っ
てみてもらうことも大切です。叩く動作は単純ですので，字を書くのと違い，多くの子どもた
ちは容易にどちらの手も使ってくれます。これもこの楽器のよい点です。

①1つの太鼓を，片手で叩く。
②1つの太鼓または横に並べた2つの太鼓を，両手で同時に叩く。
③1つの太鼓または横に並べた2つの太鼓を，両手で交互に叩く。
④横に並べた2つの太鼓を片手で交互に叩く。
⑤3つの太鼓を横に並べ，両手で同時に端から2つずつ叩く。（●●○ – ○●● – ●●○）
⑥2つの太鼓を横に並べ，両手で反対側にある太鼓を交互に叩く。
⑦2つの太鼓を横に並べ，両手を交差させたまま反対側にある太鼓を同時に叩く。

　またばちを使う場合，さおの太さにも注意を払ってください。細すぎても太すぎても握りの

安定性に影響が出ます。子どもの手の大きさによりますが，おおよそ1センチほどの径のものが握りやすいでしょう。

このような活動の例として，4章の「活動11　まねっこリズム」をいろいろと変化させてこれらの叩き方を試すのもよいでしょう。

♪注意点のまとめ

2章で楽器提供時の注意点について詳しく述べましたが，これから後の説明で重複を避けるために，要点だけをまとめておきます。

①子どもが楽器を弾くのを躊躇する場合は，無理強いしないこと。（その反応から情報を読み取ることが大切です。）
②楽器を初めて紹介する時は，予告したり，やって見せたりすることから始め，小さいやさしい音から提供してみる。
③子どもが楽器を自由に探索する機会を提供する。

2　触覚刺激を提供しやすい楽器

♪「カバサ」―手軽に使えます―

特徴　カバサは何連にもつながった金属の数珠を手の平に当て，もう片方の手でハンドルを回転させて音を出す楽器です。もともと数珠の部分は，木の実で作った民族楽器ですが，それでは音が小さいので金属になりました。サイズは大中小とありますが，写真にある中型または小型の物が操作しやすいでしょう。

音質・音量　明るく賑やかな音がします。回すだけの弾き方なので，音量は一定で，驚くほど大きな音は出ませんが，リズムに変化をつけて回転させると，楽しい雰囲気になります。

カバサ

感覚刺激と使用例　金属製の数珠の部分を手の平や体に当てるとひんやりとした感触が伝わり，独特の触覚刺激が提供されます。

コンパクトな大きさなので，必要に応じて背中や足など体のあちこちに当てて音を出すこともできます。子どもにカバサで自由に音を出してもらうと，カバサの重さを感じながら叩いたり，投げたりする子もいます。その場合，扱い方を見せてあげるといいでしょう。それでも振ったり投げたりする子には，重さのある別の楽器や遊具を与えた方がいいでしょう。

子どもが腕や足などに転がす場合は，子どもがカバサの感触を楽しんでいるサインですので，さらに体の様々な場所で試すよう促すのもいいでしょう。そうすることで自分の体の感覚や場所を意識するいい活動になります。

一方過敏な子どもの場合，強めに押しつけて使うと受け入れやすくなる子どももいます。また，金属の冷たさや硬さが苦手な様子の場合，壊れやすいですがオリジナルの木の実で作られたカバサの方がいい子もいます。基本的に，子ども自身に操作させる方が受け入れやすくなります。いずれの場合も，転がすだけの単純な動作ですので，4章に挙げる「活動1　カバサでごろごろ」のように，歌を歌いながら提供するといいでしょう。

大きさ・重さ　小型 直径6cm 長さ14.5cm 重さ164g　中型 直径7cm 長さ15.5cm 重さ183g
購入情報　小型　スズキ NINO701　3,400円程度
　　　　　　中型　LP エルピーカバサ LP234-BK　3,600円程度

♪「フルーツシェーカー」―本物そっくり―

特徴　見た目も感触も本物の果物に似ていますが，振るとマラカスのような音がしますし，振るだけでなく，いろいろな使い方ができるプラスチック製の楽器です。

音質・音量　振ると歯切れのよいシャカシャカした音がしますし，フルーツの形によっては音質もかすかに異なります。小型の物は強く振ってもうるさく感じませんが，大型のシェーカーになると耳をふさぎたくなる物もあります。

感覚刺激と使用例　それぞれのフルーツは異なる感触ですから，触覚を識別するのに役立ちます。中が見えない袋に入ったシェーカー類の中から，指示の物を触っただけで取り出す遊びによく使います。

カラフルなフルーツシェーカー

大きさ・重さ　写真のどんぐり　長さ6cm　重さ28g　とうもろこし　長さ24cm　重さ87g
購入情報　Playwood　フルーツシェーカー　とうもろこし GS-CORN 1000円程度
　　　　　　どんぐり FS-ACO 400円程度

♪「でこぼこタンバリン」―あなどれない楽器―

特徴　タンバリンは誰もが知っている馴染みの深い楽器ですが，私はちょっと変わった使い方をしています。打面が平らな普通の太鼓は，特に触覚の強いフィードバックを欲しがる子どもには物足りないかもしれませんので，人工芝を打面の大きさに切り取り，それをタンバリンに

輪ゴムで固定してみました。こうすると，叩いた時にしっかりとした触覚や筋肉調整の感覚のフィードバックを提供することができます。すると，普通の太鼓は叩いてくれない子どもでも叩いてくれることがよくあります。

音質・音量　普通のタンバリン同様に，太鼓の音と小型シンバルの金属音がします。音量もほかの物と同じです。

感覚刺激と使用例　この改良型タンバリンは特に筋肉調整の刺激が入りますが，下の写真のように，ふかふかのカーペット生地などを貼ったタンバリンを叩けば，聴覚に加え，触覚やはっきりした筋肉調整の刺激を提供できます。初めは子どもに感触のおもしろさを確認してもらってから，もっと叩きたいと手を伸ばしてくるのを待って楽器を提供すると，感覚を通したコミュニケーションが可能となります。

大きさ・重さ　直径15cm 200g 程度

購入情報　ゼンオン 教育用タンバリン ZTB-15　1,700円程度
　　　　　（人工芝やカーペット生地　100円程度でホームセンターなどで購入）

ふかふかのカーペット生地を貼ったタンバリン

人工芝を貼ったタンバリン

3　振動刺激を提供しやすい楽器

♪「スリットドラム」─どこを叩いても大丈夫─

特徴　これは表面に6本のスリットが入った木製の箱形ドラムで，ばちで叩いて音を出します。写真の物は表面のどこを叩いても自然なメロディになる5つの音の音階（ペンタトニック）でできており，自由に叩いてそのユニークな響きを楽しむことができます。大きさは，靴箱より小さいサイズから，小さい子どもならその上に横たわることができる程の大きなサイズまであります。振動を感じてもらうためには，ドラムを膝の上に乗せたり，片手をドラムの上に当てたりしてもいいですし，大きいものならその上に座ったり寝たりすることもできます。

左右交互に叩いている様子

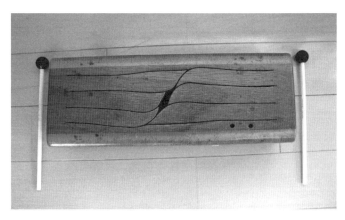
スリットドラム

音質・音量　素朴な心地よい響きがします。強く叩いても音量には限りがあります。
感覚刺激と使用例　箱の表面に手や足など体の一部を乗せることで振動を感じてもらうことができますし，どこを叩いても心地よい音と音階になるので自由に叩いてもらえます。その中で，子どものばちの持ち方（両手／片手・指先の使い方）や叩き方（左右同時／交互に），振動に対する反応など多くの様子を観察できます。
大きさ・重さ　縦10cm　横38cm　高さ13.5cm　重さ2.2kg
購入情報　スズキ　スリットドラム　SLD-1000　25,000円程度（写真とは別の物）

♪「カホン」—お尻から刺激が—

特徴　これはペルーで生まれた箱形の打楽器で，その箱の上に座り，箱の底を少しだけ浮かせて，素手で箱の表面を叩いて音を出します。箱の内部にギターの弦や細い鎖状の物が取り付けてあり，叩く場所によって音質が異なるため，一つの楽器で様々な音質を出すことができます。

音質・音量　木製特有の素朴で温かく響きのある音がします。叩く場所によって，シャリシャリした音やくすんだ音などが出ます。

前を少し浮かせて座ったまま叩く

感覚刺激と使用例　お尻から振動が，また手からは触覚や筋肉調整の感覚刺激が提供されます。触覚や筋肉調整の感覚に鈍感な子どもに自由に遊ばせるとよいでしょう。

また，例えば箱の表面に色紙などを貼って，色の指示に合わせてその部分を叩く課題を加えると，感覚刺激提供と色の識別の2つの目的を同時に進めることができます。しかも，感覚刺激に低反応な子は叩くことで快感を得ることができますので，繰り返し叩くことで色の識別の課題遂行をさらに促すことになります。また，少し前を浮かせて座りますのでバランス感覚を育てるのにも役立つでしょう。

大きさ・重さ　縦25cm　横27cm　高さ36cm　重さ2.5kg
購入情報　ゼンオン　カホン ZCJ-2　12,000円程度

♪「ウッドスティック」―両手を使った動作―

特徴　木の棒を短く切っただけの物ですが，簡素な作りなだけにいろいろな使い方ができます。またウッドスティックを操作するには両手を使う必要がありますが，これが体の両側を協調的に使うという両側統合のはたらきにも役立ちます。

音質・音量　強く叩いても音量には限りがあります。ドラムスティックの音に似た，歯切れのよい高めの音がします。

感覚刺激と使用例　叩き合わせることで触覚と筋肉調整の刺激が入ります。また下の写真のように，表面におうとつのある2本のスティック同士をこすり合わせると，大量の振動刺激を提供できます。4章の「活動15　小さな大工さん」に載せた「叩く」「こする」「先端を叩く」「先端同士を叩き合わせる」など，様々な動作をスティックで行うと，両側統合のはたらきを高めることができます。棒の端を肘など体の骨に直接伝わりやすい場所に当てて音を出すことで，子どもの骨に直接振動を伝えることもできます。

大きさ・重さ　長さ30cm　直径2cm　重さ57g
購入情報　LP エルピー リズム スティック リズミックスシリーズ　LPR088-I 1,200円程度
　　　　　　またはホームセンターで木の棒を切ってもらってもよいです。

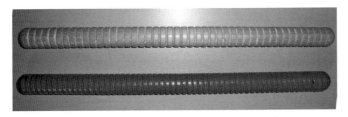

表面がぎざぎざのスティックは大量の振動刺激を提供

スティックの先端を上から叩くには空間の位置関係の理解も必要

4 視覚で楽しめる楽器

♪「ツリーチャイム（ウインドチャイム）」—視覚と聴覚の刺激を大量に届けます—

特徴 長さ15cm前後の金属の棒が並んで吊り下げられた簡単な作りの楽器で，素手で金属の棒を横に揺らして音を出します。操作は簡単ですし，音だけでなく，キラキラと揺れる金属棒の輝きが魅力の楽器です。写真の物はスタンド付きの床置きタイプでやや大型ですが，小型の机上タイプもあります。

音質・音量 金属の軽く明るい音がします。金属棒の長さは少しずつ短くなっているため，

軽く手を当てて棒を揺らす

端から揺らすと滑るような豪華な音の流れが楽しめます。また揺らし方によって，音は大きくも小さくもなります。

感覚刺激と使用例 キラキラした光の輝きとユラユラと動く視覚情報，また手先に金属棒のひんやりとした感触が提供されます。速く揺らすとかなり大きな音を出すこともできますので，視覚や聴覚情報を多く求める子どもには適切な楽器です。また，聴覚が過敏でも，自分で金属棒を揺らして操作すれば，見る楽しさがあるので，この楽器であそべる子どももいます。私は，4章で紹介する「活動19 感覚統合サーキット」の楽器の一つとしてもよく使います。

大きさ・重さ 横幅60cm 重さ1.1kg（本体のみ）

購入情報 スズキ ツリーチャイム MM-35 25,000円程度

♪「ラウンドベル」—多様な感覚刺激を提供できる万能選手—

特徴 ドの音からオクターブ上のドまでのカラフルなベルが放射状に付けられた楽器で，ベルを回してばちを当てると，流れるような音階が聞こえます。簡単に音が出ますし，聴覚のみならず多くの感覚刺激を提供することができる楽器です。

写真の楽器のほかにも，ばちとベルの一体型でスイッチを押すと回転する製品もありますが，自分でばちを動かしてベルに当てるタイプの方が，様々な使い方ができるのでお勧めです。また次ページの写真のような，少し小型のカルーセルベルもあります。

音質・音量 回転が速くなると，流れ出る川のように勢いのある音がしますが，耳をふさぐほど大きくはなく，一般的なハンドベルと同様に明るい音がします。

感覚刺激と使用例 ベルにばちを当てることでばちから伝わる振動刺激だけでなく，カラフルなベルの回転から得られる視覚を通した動きとバランスの感覚情報に魅せられる子どもがたく

さんいます。これだけ多くの感覚情報を同時に，しかも魅力的に提供できる楽器は珍しいでしょう。

　1章の最初の事例にも載せたように，子どもによってあそび方が違いますし，そのあそび方からその子に必要な感覚刺激を知ることもできます。ですから，自由にあそばせながらアセスメントをするとよいでしょう。

大きさ・重さ　ラウンドベル　直径25cm 重さ700g　カルーセルベル　直径15cm 重さ300g
購入情報　コス・インターナショナル　ラウンドベル　RB-02　7,800円程度
　　　　　　Battat　カルーセルベル小型　30ドル程度

ラウンドベル

カルーセルベル

♪「オーシャンドラム」―子どもたちに大人気！―

特徴　オーシャンドラムは，揺らすとその中に入っている無数の小さな玉が波のように揺れる，浜辺の音のような音を出すドラムです。単純な動きですが，上手に音の長さをコントロールするためには，両手で微妙に力を調整しながらドラムを傾けなければなりません。

　サイズは大・中・小とあり，写真にあるような片側が無地でもう片面が透明の物だけではなく，表面に模様が付いた物などもあります。また，揺らすだけの使い方もできますし，ばちで叩くこともできます。

音質・音量　大型のドラムを勢いよく傾けると，かなり大きな音になりますし，中の小さな玉も次々と途切れなく動いていきます。

無地で透明のオーシャンドラム

感覚刺激と使用例　玉が動くので，聴覚とともに視覚的なおもしろさを提供でき，ばちで叩くことで筋肉調整の刺激も提供できます。

　私は一番大きく片側が透明のドラムをよく使います。しかし音が大きいため聴覚過敏の子ど

3章 ● 子どもを伸ばし，挑戦を誘う　ユニークな楽器たち

もには注意して使わなければなりませんし，重さもあるため小さな子どもには操作が難しいかもしれません。ただ1章のはじめ君の例でも述べたように，玉の動きのおもしろさが子どもを引きつけるかもしれません。また自分で操作することが難しい子どもには，大人がこの楽器を水平に支え，下からばちで叩くようにすれば，叩かれた部分の玉だけがピョンピョンと跳ね上がり，子どもは玉の動きと音も楽しめます。

大きさ・重さ　大型　直径55cm　幅6cm　重さ1.4kg
購入情報　レモ　Remo 22"Ocean Drum　85ドル程度

5　体の配置と筋肉調整の感覚刺激を生む楽器

♪「ジャンベ」―楽しく叩く―

特徴　ジャンベは縦型の深い胴でできたハンドドラムで，床に置いたり肩からストラップを吊るしたりして片面を叩く大型の太鼓です。大型の物から中型の物までサイズは様々です。

音質・音量　打面の中心を手の平で落とすように叩くと，ずっしりとした低音になり，打面の縁を勢いよく叩くと跳ねるような高音になるなど，一つの太鼓でも叩き方を変えると様々な音質が生まれます。音量は大きく，遠くまでよく響きます。

感覚刺激と使用例　ばちを使わず素手で叩くため，筋肉調整の感覚刺激を，手を通して大量に提供することができます。

大小のジャンベ

感覚刺激の受け取りが弱い子どもや，逆に感覚過敏の子どもたちは，棒で叩いたり，重いものを投げたりなど，一見乱暴に見える行動がよくあります。これは筋肉調整の感覚が感覚情報の強化や自己調整のために役立つからです。このような行動はよく問題行動として捉えられがちです。音楽療法では，このような場合にジャンベなどの大型のハンドドラムが活躍します。

大型の物ほど思いっきり叩けますが，重さもあります。写真左のキッズジャンベは，大人が勢いよく叩いても十分に耐えられるしっかりとした作りですし，持ち運びも便利です。

大きさ・重さ　大型　高さ60cm　直径30cm　重さ5.1kg
　　　　　　　　中型　高さ37cm　直径20.5cm　重さ1.5kg
購入情報　大型　Toca　ロープチューンド・ウッド・ジャンベ　DT-5　17,000円程度
　　　　　　中型　レモ　キッズジャンベ　12,400円程度

♪「ロリポップドラム」—おいしそうなドラム?—

特徴 この楽器の魅力は,何といっても棒付きキャンディのようなその色と形でしょう。作りもしっかりしているので,思いっきり叩いても大丈夫です。サイズは3種類ありますが,一番大きい物が打面も広く,大きいわりに軽いので使いやすいでしょう。

音質・音量 打面の材質はプラスチックですので,革と比べると響きはやや浅く,音量も限られています。しかし軽く扱いやすいので,体を動かしながらドラムを叩くなど,動きのある活動には最適です。

感覚刺激と使用例 鮮やかなデザインから視覚,叩くことで触覚と筋肉調整の感覚刺激も提供できます。私はよく,4章で紹介する「活動19 感覚統合サーキット」の最後に,この楽器を使ってジャンプして叩いてもらいます。そうすると,動きとバランスの感覚のほか,強く叩くことで筋肉調整の感覚刺激が入りますし,ドラムを目で追ってもらうことで追視の力を育てることにもなります。

5色のカラフルなドラム

大きさ・重さ　大　直径26cm　長さ42cm　重さ190g　小　直径15cm　長さ31cm　重さ120g
購入情報　大　レモ ロリポップドラム25　3,500円程度
　　　　　　小　レモ ロリポップドラム15　2,800円程度

6 体全体を使う楽器

♪「鈴リスト」—持たなくても音が出せます—

特徴 次ページの楽器写真の右側の鈴はマジックテープに鈴が付けられていますので,持つ必要がありません。手首や足首などに取りつけて振ることもできます。また左側の鈴は,鈴をリストバンドに縫いつけた物です。これは手首や足首に通すだけなので装着が簡単ですし,手首や足首の太さに関係なく装着できます。

音質・音量 右側は明るく賑やかな音質で比較的大きな音がしますが,左側は鈴の材質によって響きは異なり,強く振っても音量は限られています。

感覚刺激と使用例 手や足を動かすだけで鈴の音がしますので,もっと動かしてみようという動機づけになりますし,ボディイメージを高める筋肉調整の感覚情報が提供されます。また,鈴の音のフィードバックに強化されて,子どもは手足を積極的に動かしますので,手や足の位置や動き,そしてそのはたらきを感覚を通して認識することにもつながります。

大きさ・重さ　写真右　長さ30cm　重さ60g

購入情報　写真右 スズキ　鈴（リストバンドタイプ）　RB-4S　1,200円程度

左：市販のリストバンドに鈴を縫いつけた物
右：市販のマジックテープ付きの鈴

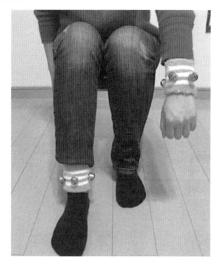

鈴を手足に付けた様子

♪「ミュージックパッド」─動かないと弾けません─

足で踏んで音を出す楽器

特徴　平たい円柱形のパッドの内部にリードが埋め込まれており，足でパッドを踏むとリードの音が出る仕組みになった楽器です。オクターブのセットになっており，体を移動させながら足で踏んで弾きます。

音質・音量　パッドを強く踏んでも音量はほとんど変わりませんし，小さなリードがなるだけなので音は響きませんが，足を動かさないと音は出ないので，体を動かす動機づけになります。

感覚刺激と使用例　体を動かしますから，動きとバランスの感覚，および体の配置と筋肉調整の感覚を提供します。パッドを床に並べて，その上をジャンプしたり，跳び箱からパッドの上に跳び下りるなど，大きな動きを促すために使います。またパッドの色に合わせた色楽譜を用意すればメロディも弾けます。音を楽しみながらバランスや体の器用な使い方を引き出すのに最適な楽器です。

大きさ・重さ　1個　直径30cm　高さ4cm　重さ300g

購入情報　スズキ　ミュージックパッド　MP-8　45,000円程度　※この製品は，踏む位置や

力加減によって音の出にばらつきがあります。この点，製品の改良が期待されるところです。

7　力のコントロールを促す楽器

♪「トライアングル」─響きのある音を出すには！─

特徴　これは多くの子どもたちにとって馴染み深い楽器ですし，ばちで叩くだけで簡単にきれいな響き渡る音が出せるので使いやすい楽器の一つです。写真の楽器はスタンド式のもので，楽器を片手で吊り下げておくことが難しい場合にも便利です。

音質・音量　音量は小さめですが，響きを残すように力を抜いて叩くと，澄み切った美しい高い音がします。その音は他の楽器にかき消されることなく響き渡ります。

感覚刺激と使用例　響きのある美しい音を出すには，楽

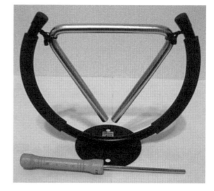
スタンド付きトライアングル

器とばちの一瞬の接触により起こる振動を妨げないよう，無駄な力を抜いて叩く必要があります。上手に力を抜くことは，指先の微妙な力加減を要する活動にも必要な能力です。

またトライアングルは金属の音質が特徴的ですから，聴覚識別をねらいとして，異なる材質の楽器との聴き比べに使ってもよいでしょう。

大きさ・重さ　高さ19cm　幅23cm　重さ580g（スタンド込み）
購入情報　スズキ MT-15　マルチトライアングル　14,000円程度

♪「プロカスタネット」─力のコントロールのために─

特徴　取っ手の付いたカスタネットで，その取っ手を振って音を出します。普通のカスタネットは，手に持ち輪ゴムを指に通して使いますが，ゴムを指に通すのを嫌がる子どもにはいいかもしれません。普通のカスタネットより価格は高めですが，取り扱いが簡単なのが特徴です。

音質・音量　普通のカスタネットとほぼ同じ音質ですので，勢いよく振るとうるさく聞こえます。

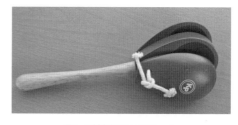
取っ手付きカスタネット

感覚刺激と使用例　体に軽く当てて叩くと触覚や筋肉調整の感覚刺激も入ります。私は力を抜いて叩く練習によく使います。自分の体であれば強く叩こうとはしませんし，自分の体そのもので力の抜き加減を理解できます。そうして体のあちこちを軽く叩くことで，ボディイメージを育てることもできます。

大きさ・重さ　長さ20cm　幅5cm　重さ65g

購入情報 スズキ SC-101（柄つきカスタネット）1,000円程度（写真の物より安価）

♪「フロッグギロ」―カエルの鳴き声―

特徴 見た目もカエルですが，音も本物のカエルそっくりです。一般的なギロと同様に，背中のおうとつをばちでこすって音を出します。サイズは様々ですが，大きい方が響きもいいです。

音質・音量 響きのあるカエルの鳴き声ですが，音量は一定です。

感覚刺激と使用例 ばちを持った手には振動も入ります。また，このカエルを片手で下から支え，反対の手に持ったばちでカエルの背中をこするという動作は，両側統合にもよいでしょう。さらに特徴的な音ですので，他の楽器と組み合わせて音の聴き比べに使うと聴覚識別の活動に役立ちます。また鳴き声をよく響かせるには，押さえ加減を調整しながらカエルの背中をこする必要があります。これは力のコントロールに役立つでしょう。

軽くこすって音を出す

大きさ・重さ 縦12cm 横7cm 高さ8cm 重さ133g

購入情報 民族系の雑貨屋などで2,000円程度で手に入ります。

8 操作性を要する楽器

♪「カリンバ」―親指の運動強化に―

特徴 木製の箱に固定された細く平らな金属の棒を親指ではじいて音を出す民族楽器です。楽器には指を使って音を出すものが多くありますが，カリンバのように親指だけで音を出す楽器は珍しく，親指の動きを引き出すためには貴重な楽器です。

音質・音量 指ではじいて音を出しますので音の出だしは明確ですが，響きは長くは続きません。短い金属棒が振動するだけなので小さい音ですが，きれいな音が出ます。

感覚刺激と使用例 指ではじくことで筋肉調整の感覚刺激が提供されますし，手の平や指に振動が伝わります。親指だけでなく他の指を使うこともできますので，指先で物をひっかくなど指先に強い刺激を求めるように見える子どもにもいいかもしれません。

また次ページの右側の写真のような音階になった改良型の楽器を，親指の曲げ伸ばしのために使うこともできます。その場合，写真のように楽器に色テープを貼り，同じ色の楽譜を使って曲を弾くこともできます。

大きさ・重さ オリジナル 直径17.5cm 高さ8cm 重さ175g

　　　　　　　　改良型　縦16cm　横11.5cm　高さ3cm　重さ210g
購入情報　ガーナ製の手づくり　カリンバ MU-126　3,800円程度（写真とは別の物）
　　　　　　改良型カリンバ　スズキ トレモロカリンバキット　KLMK-1　1,700円程度

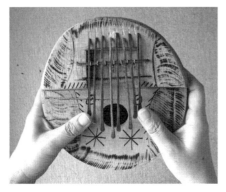
オリジナルのカリンバ

音階になった改良型のカリンバ

♪「フィンガーシンバル」──一番小さいシンバル──

特徴　名前はシンバルでも非常に小型で，素朴な響きのする可愛らしい楽器です。写真のように両方の紐をつまみ，軽く上下に叩き合わせて音を出します。

音質・音量　音量は小さめですが，金属特有の透き通った響きがします。音質は，響きのある音や乾いた音など，金属の材質によってかなり異なります。

感覚刺激と使用例　シンバルを叩き合わせる際の微妙な手の動きや，紐を持つ指先の力加減には，筋肉調整の力も必要です。また指先を使う目的として，特に親指と他の指の指先での対立動作を引き出すためにもよく使います。親指と人さし指で上手につまむことができたら，次は親指と中指でつまんでみるなど，指を替えて試してみるのもいいでしょう。

指先でつまみ軽く叩き合わせる

大きさ・重さ　直径6cm　重さ130g
購入情報　金属の材質によって値段は相当違います。
　　　　　　Tree Works　TW-TREFC02　フィンガーシンバル　3,000円程度（写真とは別の物）

♪「スプーン」──音が出れば何でも楽器──

特徴　写真のスプーンは楽器用に作られた物ですが，普通のスプーンでも2本を背中合わせに持ち，間に指をはさんで叩き合わせれば楽器となります。弾き方は，椅子に座り，太ももを軽

く叩くだけですが，もっと複雑な叩き方としては，下の写真のように，片方の手の平を下にして，太ももから10cmほどの高さにかまえ，もう片方の手に持ったスプーンを太ももと手の間でボールを弾ませるように，勢いよく上下に動かします。手やスプーンの動かし方を変えると，もっと複雑な弾き方もできます。

音質・音量　スプーンですので音量は限られており，それほど響きませんが，弾むような軽快な音がします。

感覚刺激と使用例　手の平と太ももに触覚と筋肉調整の感覚刺激が伝わってきます。このカチカチとなる軽快な音は，スキップやジャンプなど，跳び跳ねるような動きを促すのにも使えますし，複雑なリズムを作るための腕の動作は，微妙な力のコントロールや上下運動のほか，両手のタイミングを合わせる必要もあり，行為機能や両側統合のはたらきにもつながります。

　また右下の写真のように，手を縦向きにして指を広げ，スプーンの先端を上から下に滑らせると，指に強い触覚や筋肉調整の感覚刺激が提供されます。指の感覚が弱い子どもに一本一本の指を意識できるよう，また指の筋肉調整の感覚が弱い子どもにとってもいい活動になる場合があります。

大きさ・重さ　長さ20cm　重さ70g
購入情報　Trophy Music　Musical Spoons　10ドル程度

取っ手にスプーンが埋め込まれている

上下に動かし手と足に当てて音を出す

指を広げ上から滑らせて音を出す

♪「でんでん太鼓」―手首の回転と両側統合のために―

特徴 日本に昔からある馴染み深いおもちゃです。紐に結びつけられた玉が太鼓の両側の表面を叩くことで音が出ます。写真のようにさおを両手ではさんで持ち，両手をすり合わせるように前後交互に動かしてさおを回転させると音が出ますが，片手で持って前腕を内側や外側に回転させることでも音が出ます。

音質・音量 小さい玉が太鼓の表面を叩く時，素朴でパンパンパンと勢いのある音が聞こえます。回転が速くなれば音量も当然上がりますが，耳をふさぐほどではありません。

手を洗う時の動作でさおを回す

感覚刺激と使用例 玉の素早い動きが視覚的に子どもの注視を誘います。単純な作りの楽器ですが，操作には比較的難しい両側協調や腕の動きを要求します。

この楽器を片手で回す動作は，例えばドアノブを回したり，鍵を開ける動作に似ていますし，垂直に持つ動作は傘をさす動作とも共通点があります。

さらに，両手を交互に前後させて太鼓のさおを回す動作は，体の両側を協調的に使う機能の発達に役立つと考えられます。この機能は日常生活で手を洗う時の動作と同じで，他にも靴紐を結んだり，ナイフとフォークを使うなどの動作等，多くの両手を使った課題と共通点があります。

大きさ・重さ 長さ25cm　幅6cm　重さ130g
購入情報 土産物屋やおもちゃ屋　500円から

♪「ウッドブロック」―正中線を越えないと叩けません―

特徴 スリットが入った左右両側の木製の筒を叩いて音を出す楽器です。写真の通り，体の中心に取っ手をかまえ，左右の筒を叩きます。つまり感覚統合の発達として重要な，体の中心軸を越えて反対側に手を伸ばす正中線交差の動作を引き出しやすい楽器です。また，そのような動作がどのくらい自然にできるかアセスメントする際にも手軽に使えます。

体の中心線を越え左右交互に叩く

音質・音量　音量は大きくはないですが，木製特有の心地よい音質です。左右の筒の音の高さが違いますので，交互に叩くとコミカルで楽しい音になります。

感覚刺激と使用例　叩くことで触覚と筋肉調整の刺激が入ります。中心線を越えて交互に叩くことが難しければ，片側ずつ叩いてもよいでしょうし，楽器の保持が難しければ，楽器本体は大人が持って子どもに叩いてもらうこともできます。正中線交差を意識する際は，楽器の中心が子どもの中心線上にくるようにかまえてもらうことが大切です。

大きさ・重さ　縦19cm　横24cm　重さ220g

購入情報　スズキ　ウッドブロックSW-112　1,800円程度

♪「ラチェット」―小さいのに大きな音―

特徴　取っ手を持って回転させると，木製の歯車で板がはじかれて音が出る仕掛けになった楽器です。続けて回転させるには勢いをつけて揺らす必要があり，簡単な作りのわりにはやや操作性の高い楽器です。

音質・音量　小型の楽器なのに，カタカタとうるさいほどの音量が出ます。

感覚刺激と使用例　取っ手から，かすかな振動覚も入ります。また上手に回すには遠心力を利用して楽器を回転

取っ手を持って回転させて音を出す

させる必要がありますが，これには，手首の力を抜くために腕の支えがいりますし，そのためには姿勢の保持も必要です。

　特徴的な音なので，私は他の楽器と組み合わせて音あてクイズの楽器として使っています。そうすることで，聴覚識別のはたらきを高めることができます。また楽器をならすことで手首の関節の微妙な動かし方を学ぶこともできます。

大きさ・重さ　高さ16cm　横幅15cm　重さ75g

購入情報　Sound King PK-WRS 振回し式 ラチェット2,350円程度

♪「スプリングドラム」―雷の音も出せます―

特徴　楽器を持って揺らすと，写真のように下に付けられた金属のコイルが揺れて雷の音や風のような音が出ます。また，そのコイルを下に軽く引っ張ってからパッと離すと，雷が落ちるような音も出せます。

音質・音量　暗く恐ろしい感じの音ですが，激しく揺らしてもびっくりするほどの音量にはなりません。

スプリングドラム

感覚刺激と使用例　激しく揺らすと腕に筋肉調整の刺激が入ります。ほかの特徴的な楽器の音との聴き比べに最適なので，音あてクイズに使うと聴覚識別のはたらきを高められます。
大きさ・重さ　本体　長さ29cm　直径8cm　コイル　長さ31cm　重さ245g
購入情報　レモ　スプリングドラム　SP-0207-TL　2,000円程度（写真とは別の物）

9　伴奏に適した楽器

♪「ギター・ウクレレ」―音の合わせ方はいろいろ―

楽しいデザインのウクレレ

特徴　ウクレレの弦は4本，ギターは6本もあり，押さえる指の位置が複雑で，簡単な楽器とは言えませんが，大人が指板を押さえて和音をつくることで，不器用な子どもや小さな子どもでも弦をはじくだけできれいな和音を楽しむことができますし，子どもの様子を目の前で観察できます。弦を押さえる動作は力の入れ具合や指の分離運動を必要としますので，目的によってはその特徴を活かすこともできます。

音質・音量　甘く可愛らしい音質で，小型の楽器ですので音量は限られています。

感覚刺激と使用例　弦をはじく指先から触覚と筋肉調整の感覚刺激が入ります。またボディからは振動が伝わります。

　指で押さえなくても「ドミソ（C major）」の和音になるように調弦すれば簡単にこの和音を弾くことができます。次ページの左の写真のように，5番目のフレット（金属の帯）のそばを押さえると「ドファラ（F major）」，そして右の写真のように7番目のフレットのそばを押さえると「シレソ（G major）」の和音になります。楽譜のギターコードに合わせて「C」「F」「G」の3和音の曲なら弾くこともできます。

　ウクレレはギターよりかなり小さいので，子どもにはウクレレをお勧めします。大人がギターをかまえる場合は，子どもと向かい合わせになり，指で弦をはじいたり，指先でギターピックを持って音を出してみるのもよいでしょう。さらに歌を添えることで，歌のリズムに合わせてタイミングよく弦をならすのを誘導できます。

大きさ・重さ　ギター　長さ105cm　幅40cm　重さ2.3kg
　　　　　　　　ウクレレ　長さ53cm　幅17cm　重さ360g
購入情報　ギター，ウクレレともに高い音質を求めなければ10,000円以内で購入できます。

第5フレットのそばを押さえるとドファラ

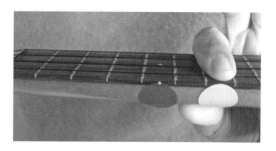
第7フレットのそばを押さえるとシレソ

＊写真はウクレレなのでフレット間に隙間がありませんが，ギターの場合は隙間ができます。きれいな音を出すポイントは，指板をしっかりと押さえること，そしてフレットのすぐそばを隙間なく押さえることです。

♪「オートハープ」―アセスメントとして―

特徴　コードキーを押すだけで多くの和音を弾くことができる小型の竪琴で，膝の上に置いたり抱えたりして，コードキーを押さえたままピックで弦をはじいて音を出します。ギターと比べると，弦の面積が広いため弾きやすく，音の出だしも明確なので，リズミカルな伴奏や，動きの合図を出すのにも適しています。

音質・音量　ギターに比べると響きは短く，明るい音質です。音域は広く，弦を上から下まで滑らせると，大型のハープのように豪華な響きがします。弦の数が多いため，調弦に時間はかかりますが，音程が合っていないと不快な音になりやすいため，定期的な調弦が必要です。

感覚刺激と使用例　弦をはじくことで触覚と筋肉調整の感覚刺激が入ります。子どもに自由に弾いてもらうと，ピックの持ち方や弦の押さえ具合などから子どもの特性を読み取ることができます。例えば，ピックを持ち，弦の上をなめらかに往復することができなければ，指先の器

弦に直接手を乗せるのは大量の振動刺激を求めているのかも

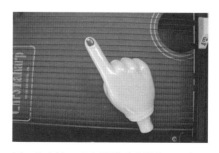
ピックを持つのを躊躇する場合は写真のような道具を試してみる

用さの問題，また必要以上に弦を押さえつけて弾く場合は筋肉調整の感覚や感覚識別の問題が考えられます。また，前ページ左の写真のように振動している弦に手の平を乗せる子もいますが，これは振動刺激を求めている行動とも考えられます。

　また，ピックを極端に軽く持ち，音にならないほど小さな音で弦の表面をなでるように弾く子がいますが，これは触覚過敏が考えられます。私はこの場合，ピックで弾かせる代わりに，触覚刺激が伝わりにくい右の写真のプラスチック製の指さしを提供して反応を見ます。

大きさ・重さ　（東海楽器クロマハープ）縦29cm　横57cm　高さ7cm　重さ3.3kg
購入情報　アメリカのOscar Schmidt社製の物が有名ですが高価です。最近は日本製も売られています。Aria アリア ACH-21 オートハープ　55,000円程度

10 口を使う楽器

♪「クワイヤーホーン」―簡単に吹けます―

特徴　音階になった笛のセットで，マウスピースの直径が3cmと大きく，口をすぼめなくとも音が出ます。またマウスピースは取り外し可能なので，ほかの人と笛を取り替えることもできます。

音質・音量　明るくコミカルな響きです。強く吹いても音量には限りがあります。

感覚刺激と使用例　呼吸の調整や口の周りの筋肉の感覚や触覚の刺激を提供します。強く吹こうと唇に力を入れすぎると音が出にくくなります。一つの音しか出ないため指の操作を必要としません。その分，複数の子どもが協調して，右下のような音を色分けした楽譜を見ながら，それぞれの音を担当して一緒に演奏を楽しむこともできます。

大きさ・重さ　1個　直径4.5cm　長さ21cm　重さ30g
購入情報　スズキ　クワイヤーホーン　CH-8W　15,000円程度

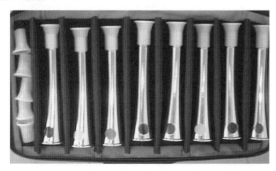
それぞれのベルに色分けの音のシールを貼る

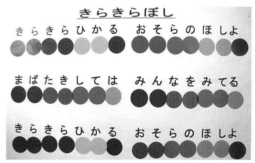
ベルと同じ色のシールを貼った楽譜を見ながら吹く

♪「ピッチパイプ」―口輪筋を鍛えるために―

特徴 非常に小型の金属性の笛で，一つの高さの音しか出ない簡単な作りです。音を楽しむというよりは，喘息の治療など，呼吸機能を高める道具として使われることもあります。

音質・音量 音質は期待できません。音量も限られていますが，手軽に使える点が魅力です。

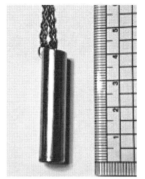
小型でシンプルな笛

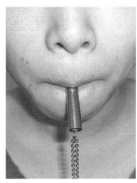
唇をしっかり閉じて吹くため口輪筋の訓練に

感覚刺激と使用例 口腔触覚の刺激が入ります。小さな笛のため，口をしっかりと閉じないと空気がもれて音が出ません。ですから口の周りの筋肉を鍛えるのに適しています。口輪筋の力が弱いとよだれが出やすく，口を閉じたままにするのが難しいですし，発音の明瞭度にも影響するかもしれないので，試してみるとよいでしょう。

また顎の関節に刺激が欲しい場合，この笛を歯型がつくほど強く噛む子もいます。このように耐久性には乏しいですが，安価です。

大きさ・重さ 直径1cm 長さ4cm 重さ10g

購入情報 トンボ1本調子笛 200円程度 1音ごとに購入できます。

♪「ハーモニカ」―レベルアップに―

特徴 教材用としてもよく知られたリード楽器ですが，息を吐くことと吸うことを音によって使い分け，しかも唇の微妙なスライドによって音を吹き分けるなど，高度な演奏テクニックを必要とします。このため，演奏としては初歩的な笛類をマスターした後のレベルとしてお勧めの楽器です。

ハーモニカ

音質・音量 明るく素朴な響きで，どこか懐かしい感じもします。音量には限りがあります。

感覚刺激と使用例 唇への触覚刺激が入ります。頻繁に物を口に入れたり噛んだりするなど，口腔の刺激を求めているように見える子どもに試してみることもできます。また呼吸機能を高めるためにも役に立ちます。ただ衛生管理には気を付けて下さい。

大きさ・重さ 縦3cm 横10cm 重さ60g

購入情報 スズキ シングルハーモニカ S-15 1,200円程度（写真とは別の物）

♪「スライドホイッスル」―両手と呼吸のコントロール―

特徴 トロンボーンのようにバルブをスライドさせて音の高さを変える仕組みになった縦笛で，おもちゃ感覚で吹けます。マウスピースの部分は細く平たく，リコーダーに似ています。

音質・音量 スライドさせることで滑るような音程の変化を楽しむことができます。音量は普通のリコーダーより少し小さく，うるさく感じるほどではありません。

感覚刺激と使用例 スムーズにスライドさせるには力を抜いてバルブを滑らせる必要があります。手を動かす感覚と音程の変化が結びつくため，耳と手の協調運動の機会を提供できます。

バルブを縮めたところ

バルブを伸ばしたところ

音の変化を楽しむには，息を長く吹き続けることが必要ですし，片手で笛を支えたまま，もう片方の手で金具をゆっくりとスライドさせるという左右の異なる動きが必要です。

大きさ・重さ 長さ 最短24cm 最長39cm 重さ38g

購入情報 キタクニ スライドホイッスル SW-01 1,500円程度

♪「和音笛」―主要3和音の笛のセット―

特徴 「ドミソ」「ドファラ」「シレソ」の主要3和音が出せるリード式の笛のセットです。青・赤・黄色に色分けされているので，音の違いがわからなくとも吹き分けられますし，簡単に音が出せる使い勝手のよい笛です。

音質・音量 音質はハーモニカに似ています。音量はハーモニカよりやや小さめです。

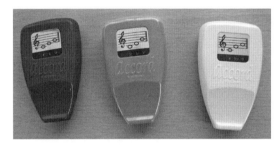

左：ドミソ　中央：シレソ　右：ドファラ

感覚刺激と使用例 口への触覚刺激のほか，歌口を強く噛めば，顎の筋肉調整の感覚が刺激されます。鉛筆を噛みたがる子などにはこのような笛系を試してみるとよいかもしれません。また色の識別や口輪筋の強化，口腔触覚過敏の緩和にも使えます。さらに伴奏が主要3和音でできた曲であれば，この笛だけで対応できます。

大きさ・重さ 1個あたり 縦7cm 横4cm 幅2cm 重さ21g

購入情報 スズキ 和音笛 アコードメジャー ACC-01 1,500円程度

♪「カズー」―ハミングしながら吹きます―

金属製の笛

特徴 真鍮またはプラスチックでできた管の一部にビニールが貼られており，口にくわえて声を出すと楽器が振動します。その振動音がカズーの音です。ハミングしながら吹いて音を出すおもちゃのような楽器です。

音質・音量 愉快でコミカルな音がします。音量には限りがありますが，力を抜いて吹けばうるさいと感じるほどの音量も出ます。

感覚刺激と使用例 唇の振動から触覚と筋肉調整の感覚刺激が生まれます。手で支えずに唇だけでくわえると，口の周りの筋肉の強化になります。この吹き方は，例えばよだれが出やすいなど，唇の筋緊張が低い子どもに合っているでしょう。また，手で支えて唇の力を抜いて吹くと大きく振動します。これは，例えばいつも手を口にあてる癖のある子どもなど，口への刺激が欲しい子どもに試してみるとよいでしょう。

大きさ・重さ 管の直径2cm 長さ10cm
購入情報 Woodstock Kazoo 600円程度

11 心地よさを感じる楽器

♪「カラコロツリー」―音がつらなる心地よさ―

花弁は7色でできています

特徴 四方に付けられたカラフルな花弁状の丸い板の一番上から，ビー玉を落としてあそぶ木製のおもちゃです。ビー玉がらせん状の花弁の上を次々と回りながら落ちていきますしその心地よい木の響きとカラフルな花弁の色が子どもの心を引きつけます。サイズは大・小あります。

音質・音量 音量は一定で，木製の花弁にビー玉が当たって響くカランコロンとした音は耳に心地よく響きます。花弁は下に行くほど大きくなるため，音もだんだんと低くなっていきます。

感覚刺激と使用例 視覚刺激も同時に提供できます。ビー玉をつまんだり離したりすることを子どもが何度も繰り返すので，指先の器用さを育てます。特に子どもにとって難しい指を離す動作に対してきれいな音のフィードバックが返ってくるため，繰り返しの動作への強い動機づけとなります。低年

齢の子どもや指先を器用に使えない子どもにもよいですし，音を聞いているだけでも情緒の安定を促します。ただ，持ち運びには向いていません。

大きさ・重さ　高さ72cm　幅25cm　重さ1.6kg
購入情報　ボーネルンド　カラコロツリー大　10,800円程度

♪「マルチトーンタング」―ポコポコとした泡のような音―

特徴　そのユニークな音が特徴の楽器で，ばちで内側を転がすように回転させて音を出します。

音質・音量　ポコポコと響く心地よい木の音で，音量は限られています。

感覚刺激と使用例　ばちに当たる面からかすかな振動刺激が入ってきます。ばちを持つ時に力が入りすぎると，手首も自由には回せませんし，音も十分には響きません。つまり指先でばちを軽く持って手首を回す練習として使えます。また，そのユニークな音は，他の音との聴き比べにも最適ですので，音あてクイズの楽器としても使えます。

大きさ・重さ　直径11cm　高さ15cm　重さ262g
購入情報　Playwood　MTT-120　3,000円程度

手首を回転させて音を出す

♪「レインスティック」―単純なのに飽きないおもちゃ―

特徴　もともとはサボテンの木を用いた民族楽器ですが，写真のように透明のプラスチック製の筒の物だとカラフルなビーズの玉が落ちる様子を見ることができるので，視覚的な変化や流れる音を楽しむにはお勧めです。短い型もありますが，写真のような長い型の方が長く音が続くのでお勧めです。

音質・音量　パラパラと落ちる雨のような音質で，聴覚が過敏であっても耐えられる音量です。

感覚刺激と使用例　視覚的なおもしろさがあるので，動きを追ったり流れを見つめたりなどの目の動きを引き出します。ビーズが全部落ちてしまったら，上下の向きを変えると，もう一度ビーズが落ちてくることを理解し，自分で操作できるか見てみるとよいでしょう。単純な操作ですので，小さな子ども

上下の向きを変えた時，垂直に持てているかも観察

このほか音を楽しむには木製がお勧め

でも楽しむことができます。4章で紹介する「活動3　あめふりの歌」のような静かな歌を添えて，楽しんでもらうとよいでしょう。

大きさ・重さ　直径5cm　長さ41cm

購入情報　ゴキ　レインスティック GOKI91947　3,200円程度（写真とは別の物）

12 操作の簡単な音階楽器

♪「ペンタトニック木琴」―楽器を見なくても弾けます―

特徴　5音階のキーだけで作られた木琴で，どこを叩いても自然なメロディになります。写真の楽器は，「ド・レ・ファ・ソ・ラ・ド」でできています。

音質・音量　木製特有の，素朴で心地よい響きがしますし，強く叩くと緊張感のある音になります。

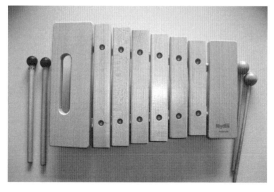

ばちがゴム製か木製かにより音質が異なる

感覚刺激と使用例　筋肉調整の感覚刺激も提供できます。どこを叩いても音楽になりますので，見ないでも叩けますし，その分ばちの持ち方や音質に注意を向けてもらうことができます。また，楽譜なしで即興的に音楽を作っていく楽しみ方もできるでしょう。その場合，4章の「活動17　木琴5音あそび」に挙げたように，他の楽器との合奏も楽しめます。

大きさ・重さ　縦21cm　横32cm　高さ5cm　重さ685g

購入情報　ナカノ　リズムポコ　サイロフォン6音 ペンタトニックスケール RP-560/XY
　　　　　　5,600円程度
　　　　　　写真のようにゴム製と木製の2種類のばちが付いています。

♪「ハンドベル　デスクタイプ」―手に持つ必要ありません―

特徴　床置き式のハンドベルで，ボタンを叩いて音を出します。手に持つ必要がないので，いろいろな使い方ができます。

音質・音量　音質・音量ともに手に持って振るタイプと同じで，明るい音がしますし，大きく叩いても音量は限られています。手に持つタイプと異なる点は，持つ方は1度振るだけでも数

ベルの7色に合わせて楽譜の音符を色分けすると，旋律を分担して演奏も可能

回の音が出ますが，このベルは上からボタンを叩くだけなので1回しか出ない点です。

感覚刺激と使用例　叩く時に触覚と筋肉調整の感覚刺激を提供します。例えば，ハイハイをして進んでいった最後に置けば，行うべき動作の動機づけとして使えます。またメロディを叩く場合も，机に置けば，テンポに遅れることなく複数の音を次々と叩いていけますし，4章の「活動16　あちこちおうち」のように，ベルの置き方を工夫することで，大きな動作や正中線を越えた動作を引き出すこともできます。

大きさ・重さ　1個あたり107g　高さ8.5cm　直径8cm

購入情報　スズキ　ベルハーモニーデスクタイプ MBD-8　9,000円程度

♪「ブームワッカー」―ただの筒ですが楽器です―

特徴　プラスチックでできたシンプルな筒ですが，オクターブの音階に作られています。筒は太めで丈夫なので，床や壁，自分のお尻や太もも，またブームワッカー同士を叩き合わせるなど，いろいろな使い方ができます。

音質・音量　音質は鈍くあまり響きません。また大きいわりには小さい音です。

長めですが軽いので子どもにも操作可能

感覚刺激と使用例　叩くことで触覚と筋肉調整の感覚刺激を提供します。音階になっているため，色を指定して叩き合わせると和音を作ることもできます。また人と叩き合わせる際の距離感や力加減をねらいとすることもできます。それぞれ異なった音のブームワッカーを手に持ち，複数の子どもたちで協力して一つの曲を作り上げるような活動もできます。

大きさ・重さ　筒の直径4cm　低いド　長さ62.5cm　重さ74g

　　　　　　　　　　　　　　　　高いド　長さ30cm　重さ37g

購入情報　Boomwhackers　ドレミパイプ　ダイアトニックセット BWDW　3,150円程度

13　美しい音の音階楽器

♪「トーンチャイム」―簡単しかも美しい―

特徴　金属の筒を振ると，そこに付けられたハンマーが筒を叩いて音が出る仕組みになった楽器です。楽器を振るだけですので簡単に音が出ますし，コンサートでも使われるほど美しい響きがします。半音階も入ったセットで売られており，値段は張りますが，人と一緒に演奏する楽しみも味わえる貴重な楽器です。

音質・音量 金属音の鋭さはなく，澄み切った美しい響きが後まで残ります。強く振っても，音量はあまり変わりません。

感覚刺激と使用例 音程が低い方になると重さがありますので，筋肉調整の感覚も提供できます。振るだけで音は出ますが，肘や手首の支えが足りないと音の出が悪いこともあります。つまり体幹や筋緊張，また腕の操作性を高めるためにも役立ちます。また楽器と楽譜に同じ色の印を付けて，その色楽譜を見ながら人と一緒にメロディを弾くこともできます。その場合，色楽譜を目で追っていくことで，追視（動いている物を目で追うこと）のはたらきを高めることもできます。

57ページ クワイヤーホーンのように色楽譜を使うとメロディ演奏が簡単

大きさ・重さ 写真の中の一番短いチャイム（C6） 長さ24cm　幅3cm　重さ163g
　　　　　　　　一番長いチャイム（C5） 長さ30.5cm　幅3.5cm　重さ267g
購入情報 スズキ トーンチャイム　HB-250　95,000円程度

♪「鉄琴」―印を付けると楽譜はいりません―

特徴 金属のキーでできているため，木琴と比べると響きが鋭く緊張感のある音です。楽器を体の真ん中に置き，中心線を越えて反対側に叩く動作を引き出すためにも役に立ちます。

音質・音量 大きさや種類によって音質は相当異なりますが，写真の物は共鳴箱付きなので，美しく心地よい響きが後まで残ります。強く叩くと大きな音にはなりますが，音量には限りがあります。

行為機能のための様々な使い方ができる楽器

感覚刺激と使用例 筋肉調整の感覚刺激を提供します。一番の目的は，筋肉調整の感覚を働かせて力をコントロールすることでしょう。強く握りしめたまま叩きつけると，響きのない音になってしまいます。ばちのさおは親指と人さし指の指先でつまむように持ち，他の指は添えるだけでよいのです。この力の抜き方は，例えばお箸や鉛筆を上手に持つためにも役立ちます。響きのある音質で叩けるようになれば，鉛筆の芯が折れることも少なくなるかもしれません。

　写真のように同じ色のシールをばちとキーに貼っておき，子どもはそのばちで同じ色のキーを叩くようにすれば楽譜はいりませんし，2本のばちとキーのそれぞれに同じ色の印を付け両

手を使って2つの音を出すこともできます。また5音階（ペンタトニック：ド・レ・ミ・ソ・ラなど）の音に印を付けその5音だけを叩けば不協和音にはなりませんし，どの音をつなげても自然なメロディになります。その分，音の質に注意を向けることもできるでしょう。

さらにこの楽器は，両手にばちを持つと両側統合のはたらきを高められるかもしれません。この章の最初に示したばちの難易度の段階に従い，やさしい弾き方から難しい弾き方へレベルを上げていくこともできます。

聴覚過敏の子どもには，鋭い音質の木製のばちよりも，柔らかい音質のフェルトや毛糸のばちの方が適切です。また，さおの長さも短い方が操作しやすく安全です。

大きさ・重さ　縦19cm　横49cm　高さ10cm　重さ1.5kg
購入情報　Sonor　メタルフォンSM　37,800円程度　美しい響きでお勧めの楽器です。

♪「サウンドブロック（音つみき）」
―使い方はいろいろ―

特徴　キーをばちで叩いて音を出す点は鉄琴と同じですが，それぞれのキーが独立している点がこの楽器の特徴です。例えば「ドミソ」の和音だけを使ったり，キーの間隔を広げて置くなど，目的に応じて自由に組み合わせることができます。階段状のスタンドも付いています。

57ページ　クワイヤーホーンのように色楽譜を使うとグループでも演奏可能

音質・音量　それぞれに共鳴箱が付いていますので，響きのある明るい音がします。大きく叩いてもうるさく感じるほどの音量は出ません。

感覚刺激と使用例　筋肉調整の感覚刺激を提供します。不協和音にならないようにするために，例えば，写真のようにキーに色のシールを貼っておけば，音を指定して叩いてもらうこともできます。また鉄琴で紹介したように，5音階で自由に叩いてもらい力のコントロールを促すこともできます。また，キーの間隔を広げて置き，叩くキーを指定すると体の中心線を越える活動もできます。

大きさ・重さ　一番高いドのキー　縦14cm　横3cm　高さ4.5cm　重さ102g
購入情報　スズキ　オルフ・サウンドブロック SB-8　10,000円程度

4章

音楽を使った感覚統合あそび

活動の解説

1 感覚調整の問題を持つ子どもに対する音楽療法…活動1〜9

♪ **触覚に過敏な子ども…活動1**

　人や物に触ったり触られたりするのを避けようとする，汚れることや特定の服の肌触り，また食べ物の食感や予期しない軽い接触に対して怒ったり怖がったりする等の行動を見せる子どもたちは，触覚刺激を過度に敏感に感じてしまっている可能性があります。これらの特徴に配慮したのが活動1です。

♪ **動く視覚刺激を楽しむ子ども…活動2・3**

　通り道の障害物に気づきにくかったり，一方でピカピカした物や回転する物，まぶしい光に引きつけられる子どもたちは，視覚の情報を捉えにくく，強い情報でないと気づかないかもしれません。このような子どもたちは，ツリーチャイムやラウンドベル等の楽器を楽しんでくれる可能性があります。また音楽は始めと終わりがはっきりしているので，その時間の区切りを通してどの程度の感覚体験を必要としているか，またその変化をモニターすることもできます。

♪ **体の配置と筋肉調整の感覚をたくさん求める子ども…活動4・5**

　普段は体を動かす意欲に欠けるように見えても，重い物を押したり引いたり，運んだりした後に，より機敏になるような子どもは，筋肉からの強い感覚刺激でエンジンがかかるタイプかもしれません。また，強く抱きしめられたり，押しつけられたり，力を入れた激しいあそびを好むような子どもにも，活動4と5は適しています。

♪ **聴覚に過敏な子ども…活動6**

　音が大きすぎたり，歌の音程が外れていると，聴覚に敏感な子どもには耐えがたい苦痛となりかねません。また音を遮ろうと耳をふさぐ子どもや掃除機の音など，みんなが苦にならないような音に対して苦痛を訴えるような子どももいます。

　3章の39ページでもお話ししたように，聴覚過敏の問題は，楽器提供の際に，①無理強いし

ない，②小さな音から予告して音を出す，③子ども自身で楽器を操作してもらうというアプローチを心掛けることが大切ですが，その他，活動6のような楽器を紹介する活動もよいでしょう。

♪音に気づきにくい子ども…活動7

聴力には問題がないのに呼びかけなどの日常的な音や声に気づきにくく，TVなどの音量を大きくして聞いたり響き渡るような声で話したりする子どもは，大きな音を出すことは好きですが，周りにとっては迷惑かもしれません。活動7はこのような子どもに適しています。

♪動きとバランスの感覚に過敏な子ども…活動8

動くことを避けたり，高い所に上がりたがらない，車酔いをしたりするような子どもは，動きを感じる感覚が過敏なのかもしれません。このような場合は，無理強いせずに，活動8のように少しずつ動きを楽しめるよう働きかけます。大抵の場合，単純な動きの繰り返しや，地面に近い位置での活動，自分で動きをコントロールできるようなあそびだと不安なく楽しめるでしょう。

♪動きとバランスの感覚がわかりにくい子ども…活動9

転びそうになっても自分の身を上手に守れなかったり，絶えず動き回って，逆さ吊りやくるくる回るあそびが好きな子どもたちがいます。子どもは基本的に，バランスの力を育てるために大なり小なりこのようなあそびを好むものです。しかし，このように感覚を上手に受け取る力が弱い子どもには，活動9のようなあそびをたくさん提供する必要があります。

2 感覚識別の問題を持つ子どもに対する音楽療法…活動10～13

♪音の識別が難しい子ども…活動10・11

ある音と違う音の区別が苦手で（難聴ではなく），メロディに合わせて歌うことができなかったり，言葉での指示に混乱したり，他の音に気を散らされずに1つの音に注意を向ける等の能力が弱い子どもには，10と11の活動が適しています。

♪体の配置と筋肉調整の感覚識別が難しい子ども…活動12・13

力加減の調節がスムーズにできないため，人にぶつかったり，鉛筆やおもちゃやボールを投げる時に力を入れすぎたりする子ども，一方で力が足りない子どもにも適した活動です。

3　姿勢や器用さの問題を持つ子どもに対する音楽療法…活動14〜19

♪ 姿勢がくずれやすい子ども…活動14

　背中を曲げた姿勢を取ることが多く，姿勢を正すよう言われるとまっすぐにできても，それを維持するのが苦手な子どもがいます。活動14はそのような子どもに適した活動です。

♪ 両手を使う動作が苦手な子ども…活動15

　紙をハサミで切る，茶碗を持って食べるなど一方の手でもう一方の手の動作をうまく補助できなかったり，物を投げる時にどちらの手も使う傾向があるような子どもに適した活動です。

♪ 体の中心線を越える運動が苦手な子ども…活動16

　本をめくる，服を着る，体を洗うなどは，体の真ん中を越えて反対側まで腕を伸ばす必要があります。こうした動作を躊躇するような子どもに特に試してほしい活動です。

♪ 不器用な子ども…活動17・18・19

　線を引く，ボタンを留める等の手先の細かい作業が苦手な子どもは，遠くから近くに視線を切り替える能力に欠けているかもしれません。これらの活動はこのような子どもに適しています。

4　認知能力に関連した活動…活動20・21

　感覚統合は脳の高次の機能がスムーズに働くための基盤を作ります。活動20と21は，それら感覚統合の最終産物に関連した認知能力に焦点を合わせた活動です。

音楽療法士のつぶやき　その1　「こんな楽器がほしいのに……」

　楽器は，その使い方によって療育に大いに役立つ便利な道具となることが，おわかりになってきたと思います。ところが店頭には，療育に使えそうな楽器はあまり置いてありません。ですからセッションで使いたい楽器は，カタログやインターネット，さらには海外注文で集めるしかなく，多くの音楽療法士がとても残念に思っていることの一つだと思います。

　この需要と供給を結びつけるためには，楽器メーカーと音楽療法士との連携が必要だと思います。療法のための楽器の使い方が多くの音楽療法士や療育者に広まり，その楽器を購入したいと思う人が多くなれば，楽器メーカーだけでなく子どもにも療法士にも利益となるはずです。

　この本は，このような楽器への思いを込めた「音楽療法士のつぶやき」を所々に設けております。これが両者の橋渡しになることを願って！

感覚調整の問題　♪触覚に過敏な子ども

活動1　カバサでごろごろ

● **ねらい**　この活動では，子どもにカバサを持ってもらい，自分で腕や足の上に転がしながら触覚刺激とともに音楽を楽しめるように工夫することがポイントとなります。慣れてきたら，セラピストが歌いながら腕や背中などを転がすこともできるかもしれません。

● **個人／グループ**　個人の方が集中できるので適しています。

● **用意する物**　カバサ

写真の小型の物は子どもにも扱いやすい

体のどこに転がすか観察

● **手順**　初めてこの楽器に触れる子どもや，非常に過敏な子どもの場合は，まずはセラピストが自分の腕や背中をカバサで転がしながら歌うことから始めるのもいいかもしれません。

● **注意点・観察点**　触覚に過敏な子どもの中には，カバサの金属の数珠の冷たさを嫌う子がいるかもしれません。その場合，適温に温めて使ってみましょう。少し強めに押しつけて転がす方が過敏な子には受け入れやすいでしょう。

● **音楽**

カバサでごろごろ

作詞・作曲　柿﨑次子

感覚調整の問題 ♪動く視覚刺激を楽しむ子ども

活動2 スカーフひらひら

- **ねらい** きれいな色のスカーフをひらひらと振ると,視覚だけでなく,頬に触れる触覚,腕や手首の曲げ伸ばしによる筋肉や関節の感覚など様々な感覚刺激が提供されます。また上から落ちてきたスカーフをつかむには,スカーフの動きを目で追う必要がありますが,その際に目の周りの筋肉の感覚も働きますし,腕をどの程度伸ばすとスカーフに届くかという空間の位置関係を把握する必要もあります。さらに,人のスカーフの動きを真似て動かすことで,自分の身体のイメージを育てることにもつながります。

  スカーフは跳ね上げたり,顔に乗せたりと,様々な使い方ができますし,危険を伴わないのも利点です。

- **個人/グループ** 1人でも可能ですがグループ活動としても有用です。
- **用意する物** きれいな色のスカーフ(薄手のものがよい)人数分(両手で行う場合は人数かける2倍)
- **音楽** ワルツなど流れるような動きを助長する音楽をBGMとして使うとよいでしょう。
- **手順**

①歌や音楽に合わせて自由にスカーフを振って遊びます。

②セラピストが以下のような動作を歌に合わせてやって見せ,それを模倣してもらいます。

　・円を描く　　・上下　　・左右　　・上に跳ね上げ落ちてきたらつかむ

　・向かい合わせになり,同時に投げて相手のスカーフをつかむ

利き手の使い方を観察

スカーフを追視しているか観察

顔に触れた時の反応を観察

- **バリエーション**

・スカーフの動きをメロディやリズムでも表現することで,動きを促進することができます。
　(跳ね上げる時は上昇形の音階,スカーフが落ちてくる時は下降形など)

・みんなで順番に動きを考え，それを他の子どもたちが真似る（運動模倣），動きの組み合わせや長さをだんだん多くしていく等で，リーダーシップを取ることや，動きを考える創造性（アイディエーション），動きの記憶（シークエンス）の段階づけもできます。
・スカーフを持つ手を交互に替えたり，両手で持って行う等，両側統合の力を促す工夫もできます。

● 注意点・観察点

・最初は自由にあそぶところから始めてみましょう。そうすることで好奇心が満たされ，活動の見通しも立ちます。
・スカーフをつかむ際，どちらの手を優位に使うか観察しましょう。一貫性がない場合は利き側が確立されていないのかもしれません。
・スカーフが顔に触れた時，避けるようならば触覚過敏の傾向があるかもしれません。
・人の動作を真似ることができるか，遊びのルールが理解できるか，動かし方を自分で考えつくことができるか，動きを覚えることができるか等，行為機能に関連する様々な能力を観察することができます。

感覚調整の問題 ♪ 動く視覚刺激を楽しむ子ども
活動3 あめふりの歌

● **ねらい** これはレインスティックという色とりどりの玉が入った透明の筒を上下逆さまに動かして，玉が落ちる様子を見ながら雨のような音を楽しむ活動です。単純な楽器ですが，見ているだけで不思議と心が落ち着いてきます。

玉が底に落ちるまで待って逆さまにしないと次の玉の流れを見ることはできないという理解や，両手を使った操作能力も観察できます。

● **個人／グループ** 個人の方が集中して遊べるでしょう。

● **用意する物** レインスティック

レインスティック

● **手順** 特に手順はありません。子どもに自由に使ってもらうとよいでしょう。

● **注意点・観察点** 両手を持ち替えてスティックを逆さまにできるか観察しましょう。

● **音楽** 情緒の安定や集中してスティックを見つめる力を促すような音楽が合います。1小節をちょうど玉が全部落ちる長さに調整して歌う（演奏する）といいでしょう。また，メロディの切り替えに合わせてレインスティックを逆さまに切り替えたり，スタッカートではレインスティックを振って音を出す等，メロディが動きを誘導するように使ってもいいでしょう。

感覚調整の問題 🎵 **体の配置と筋肉調整の感覚をたくさん求める子ども**

活動4 ボールがごろり

- **ねらい** これは主に身体全体に圧迫の感覚刺激を受けたい子どもに適した活動です。音楽療法は比較的狭い環境で行うことが多いので，使う道具がコンパクトなのも嬉しいですし，エクササイズボールはサイズも選べるので便利です。狭い隙間に入ったり，頻繁に人に抱っこされるなど，体への圧迫感を欲しがる子どもにも向いているかもしれません。
- **個人／グループ** 個人で行います。リラックスしてできるよう環境にも心がけましょう。
- **用意する物**
  - 大きめのエクササイズボールやピーナツ型のセラピーボール
  - 床に敷くマット
- **手順**
  ① 子どもはマットの上にうつ伏せか上向きに横たわります。
  ② セラピストは歌を歌いながら，子どものお腹や背中をセラピーボールで押さえ，上下に転がします。

ピーナツ型のボール

膝の上に転がす

背中に転がす

- **バリエーション**
  - 軽くバウンドさせるなど，圧力の加減を変えてみましょう。
  - 大きさや表面のおうとつなど，様々な感触のエクササイズボールを試してみましょう。
- **注意点・観察点**
  - 圧迫感が欲しい体の部分は子どもによって異なります。圧迫の場所や強さを子どもが調整できるよう，場所を指定してもらったり，強さを番号で表したり等の工夫をするといいでしょう。
  - 床に敷くマットは，厚みがある方が圧迫感を感じやすいでしょう。ただ，うつ伏せの場合，呼吸を妨げないよう注意してください。
  - 音や触覚に過敏な子どももいますので，音楽（歌）の大きさにも注意を払ってください。ま

4章 ● 音楽を使った感覚統合あそび

た，一般にお腹はデリケートですので，このような子どもの場合，背中からの刺激の方が受け入れやすいかもしれません。

● 音楽

音楽療法士のつぶやき その2　「音楽療法に使える楽器とは？」

　私が考える音楽療法のための楽器選びのポイントは，以下の5点です。

　　　　　①振動はもとより，様々な感覚刺激を生み出しやすいこと
　　　　　②操作が比較的簡単で子どもの自発的操作を引き出しやすいこと
　　　　　③音の出方に一貫性があること
　　　　　④きれいな音質であること
　　　　　⑤あまり高価でないこと

①楽器が生み出す振動は，多くの感覚受容器を刺激する特有なもので，これが楽器の隠れた大きな魅力の一つです。さらに子どもたちは視覚的なおもしろさに心引かれるでしょうし，触り心地のよさに魅了されることもあるでしょう。

②音楽療法を受ける子どもたちの中には，とても不器用な子もいます。カラコロツリーやオーシャンドラムのように，簡単な操作で達成感が得られるような楽器が必要です。

③自らかかわって音が出たと喜び，もう一度試した時に，同じように音が出ないとしたら，それは子どもの動機を削いでしまいます。楽器の中には，構造上の問題から，このように音の出方に一貫性のないものがあります。例えば，足踏みパッドは，運動を促すアイディアはすばらしいのですが，着地の場所によっては，音がよく出ないことがあります。この点，楽器メーカーに改善を期待したいところです。

④非定型発達の子どもたちの中には，ギターの音質を聞き分けられるように，高度な聴覚識別能力を持った子が多くいます。この能力は様々な可能性を含んでいます。例えば，盲目の音楽家がいるように，ユニークな音楽的能力を開花させられるかもしれません。

⑤音楽療法では，対象児の特性や療法の目的に応じて多くの楽器を使い分けますが，高価な楽器を数多く揃えることには限りがあります。また不器用なために楽器を丁寧に扱うことができず，壊してしまう子どももいます。ですから安価な楽器の方が扱いやすいのです。

感覚調整の問題　♪体の配置と筋肉調整の感覚をたくさん求める子ども

活動5　おしぼりごっこ

● **ねらい**　触圧覚の感覚刺激を求める行動は、例えば、頻繁にぎゅっと抱きしめてもらう行動のほかにも、狭い所に潜り込んだり、スパッツのような足をピタリと締めつけるような服を好むなど、様々な場面で観察されます。大抵の場合、子どもたちはこれらの行動を通して過敏から来る不快な感覚をなだめようとしていると考えられます。このあそびは、おしぼりをしぼる動作で、子どもの腕や足にこの感覚刺激を提供する活動です。

● **個人／グループ**　グループでもできますが個人の方が集中できるでしょう。

● **用意する物**　ありません。

● **手順**　セラピストは、おしぼりをしぼる要領で、歌を歌いながら「ぎゅう」のところで、子どもの腕を軽くひねるようにします。

● **注意点・観察点**
・指やつま先など、小さな体の部分には行わないでください。
・力を加減しながら行いましょう。

● **音楽**

4章 ● 音楽を使った感覚統合あそび

感覚調整の問題　♪聴覚に過敏な子ども

活動6　どんな音かな？

● **ねらい**　音楽は，3拍子や4拍子のように時間を一定の間隔で刻みながら進んでいくので，先の予測が立てやすく，安心感を生むという特徴があります。このあそびは，そのような音楽の特徴に乗せて，聞こえてくる音に注意を払い，様々な音質や音量に慣れるための活動です。

● **個人／グループ**　グループで行い，反応の違いを観察するとよいでしょう。

● **用意する物**　3章で紹介したような特徴的な音の楽器類

スプリングドラム

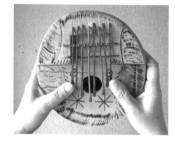

カリンバ

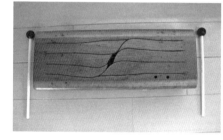

スリットドラム

● **手順**　セラピストが楽器名を入れて歌い，印のところでその楽器を操作して音を出します。

● **注意点・観察点**　音に不快感を持つ子は音が聞こえる前から耳をふさぐかもしれませんし，音階のある楽器は調律ができていないと不快感を及ぼすかもしれません。歌詞は「ちいさなおと」と「おおきなおと」ですが，小さい音だけでもかまいません。

● **音楽**

どんな音かな？

作詞・作曲　柿﨑次子

感覚調整の問題 ♪音に気づきにくい子ども
活動7 カエルの合唱

●ねらい　この活動は，自分が出す声の大きさをカエルの数によって客観的に理解することで声量を調節し，環境に合った声の大きさで話すことをねらいとしています。自分の声の大きさをカエルの数に合わせて歌うことで，視覚的手がかりを用いて声の大きさの調節を学びます。

さらに，歌の途中でカエルの数が変わるという設定にすると，カエルがいつ跳んでいってもよいように常に注意を払うため，集中力を維持するためにも役立ちます。

カエルは一直線上に並べた方が数える時に目で追いやすい

●個人／グループ　個人だけでなく数人から10人程のグループでも可。

●用意する物
・カエルのステッカー11匹
・大小それぞれ1枚ずつの蓮の葉に，カエル1匹と10匹を貼りつけておく。（ラミネートすると繰り返し使用可能）

●音楽　「かえるの合唱」（岡本敏明訳詞・ドイツ民謡）など，子どもに馴染みがあり，歌詞に動物の鳴き声が入った歌。

●手順
①オリジナルの歌を全員で歌います。
②子どもは，蓮の葉に乗った10匹のカエルの数を数え，その声の大きさを理解したら，できるだけ大きな声で歌います。
③1匹のカエルの数を数え，その声の大きさを理解したら，できるだけ小さな声で歌います。
④セラピストは，カエルが途中で跳んでいくかもしれないことを告げて，子どもは歌い始めます。セラピストは歌の途中で素早く数を入れ替え，子どもに声量を変えて歌ってもらいます。

●バリエーション　カエルの数と声の大きさの関連について理解が深まったら，次のステップとして環境の違い（例えば，教室と運動場）で，どちらが大きな声でどちらが小さな声かを考えてもらい，声の大きさを変えて歌ってもらいます。

●注意点・観察点　聴覚過敏の反応を見せる子どもがグループの中に混ざっていないか注意しましょう。

感覚調整の問題　♪動きとバランスの感覚に過敏な子ども

活動8　おうまはみんな

- **ねらい**　動物の動きを真似て体を動かすことで，楽しみながらバランス感覚や体幹の筋の安定性を育てることをねらいとしています。
- **対象児**　体を安定させた姿勢を維持するのが苦手な子どもだけでなく，動き回る子どもにも適しています。
- **個人/グループ**　個人でもできますがグループの方が楽しいです。
- **用意する物**　動物のお面（動きの異なる動物）
- **音楽**　「おんまはみんな」（中山知子訳詞・アメリカ民謡）など動物の動きを理解しやすい歌。
- **手順**

①馬はどのように走るかを自分たちで考えてもらい，お面を付けて四つん這いで前進してもらいます。

②次に，うさぎやカンガルーなど，動きの異なる他の動物に歌詞を替えて，その動きで前進してもらいます。

- **バリエーション**

・トンネルをくぐったり，クッションを乗り越えたり，人工芝の上を渡るなど，様々な障害物を越えて前進してもらいます。

・できるだけ自分たちで動物の動きについて考えてもらい，友達の考えた動きを順番に模倣してもらうのもいいでしょう。

- **注意点・観察点**

頭の向き（首の支え）を観察

肘や膝の曲げ伸ばしを観察

お面が顔に触れる感触も観察

感覚調整の問題　♪動きとバランスの感覚がわかりにくい子ども

活動9　毛布ブランコ

● **ねらい**　この感覚情報が十分に子どもの脳に提供されると，子どもは落ち着いたり，安心したりした気持ちになるので，座って行う活動など集中力を要する活動の前に十分にこのようなあそびをするといいでしょう。

　さらにこの活動は，言葉の話せない子どものコミュニケーション力を育てるためにも使えます。詳しくは，5章の事例「集中して活動に参加できるようになった子どもの例」を参考にして下さい。

● **個人／グループ**　1人の子に対し大人が2人必要になります。

● **用意する物**　毛布またはシーツ

● **手順**

①床に置いた毛布に子どもに仰向けに寝てもらいます。セラピストは毛布の両端を持って歌を歌いながら，テンポに合わせて毛布を左右に揺らします。

②1曲終わるごとに揺らしを止め，子どもの様子を確認します。そして子どもが再度要求したら，もう一度揺らしてあげてください。

● **バリエーション**　子どもによっては，ただ揺れるだけではなく，もっと激しい動きを求める子もいます。そのような場合，毛布の上で上下にとんとんと軽く落ちるような動きや，大きめのバルーンを横に置いて（持ってもらって）横揺れの時にそこにぶつかるようなあそびもいいでしょう。

● **注意点・観察点**

・前述したように，音楽は始まりと終わりが明確であるという特徴がありますので，歌は子どもにもわかりやすいメッセージとなります。この特徴を活かし，子どもが始めや終わりを理解できたか観察してください。

顔の表情を観察しながら揺らす

4章 ● 音楽を使った感覚統合あそび

- １曲終わるごとに揺れを止め，子どもの顔色や表情を確認し，与え過ぎにならないよう十分注意してください。「もう１回」と要求しても，目が回っているかもしれません。
- 座って行うような活動の前に行い，集中力の維持に好影響をもたらすか観察してみてください。

● 音楽

ブランコゆらり　　　作詞・作曲　柿﨑次子

音楽療法士のつぶやき　その３　「オーシャンドラムはいいけれど……」

　オーシャンドラムは音楽療法では重宝する楽器の一つですが，なかには，魚の絵が付いた物や，中の玉が見えない物までいろいろです。私がこの楽器をよく使う理由の一つは，玉の動きが見えることです。ですから，無地で片側が透明になった大型のオーシャンドラムしか使いません。ところが残念なことに，この型の物が日本で販売されているのを見たことがありません。

　楽器は使う人によってその目的が異なります。私は音楽療法の視点から楽器を選びますので，「つぶやき　その２」に書いたように，楽器を使うことでどのような感覚刺激が提供されるのかが，楽器選びのポイントになります。楽器の表面に描かれた模様のために，せっかくの玉の揺れが見えないなんて，そんな惜しい話はありませんし，それでは自分が楽器を揺らしたことが，どのような玉の動きを作り出すかという刺激と反応の因果関係も全く理解できません。しかも，魚の模様に限定されてしまうと，それ以上の想像力も働きません。楽器バイヤーやメーカーの方々が，もっと感覚統合の視点も理解して楽器を考えて下さるといいなと思います。

感覚識別の問題　♪音の識別が難しい子ども

活動10　音あてクイズ

●**ねらい**　救急車や消防車のサイレン，踏切の遮断機が下りる音，駅のホームのベルなど様々な音を聞き分ける能力は，その場に適切な行動を行うために必要な能力です。また人々の話を理解するには，相手の声の高さや速さなど，人によって異なる声の性質にかかわらず，耳から入ってきた様々な情報を処理する能力が必要となります。この活動は，そのような音を聞き分ける能力を育てることをねらいとしています。

●**対象児**　年長以上で，大切な話を聞き逃しがちな子や落ち着きのない子に向いています。

●**個人／グループ**　個人でもできますが，グループの方が楽しいです。

●**用意する物**
・金属製（トライアングル）や木製（ギロ）など異なる音の出る楽器5種類ほど
・楽器の写真
・楽器類を隠すスクリーン

ラチェット

フロッグギロ

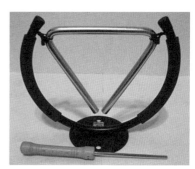
スタンド付きトライアングル

●**手順**
①まずそれぞれの楽器がどのような音がするのか，個々の楽器を見せながら音を出して見せたり，子どもにならしてもらったりします。
②次にそれらの楽器の写真を子どもたちの前に並べます。
③スクリーンの陰で順々に楽器をならし，写真の中からどの楽器がならされたかあててもらいます。

● **バリエーション**

・複数の楽器を同時にならしてあててもらいます。
・最初は木製の楽器，金属製の楽器，笛類など，異なる材質の特徴的な楽器を使い，次第に似たような音質の楽器を用いて聞き比べてもらいます。

● **注意点・観察点** 楽器によって耳をふさぐなど，聴覚に過敏な反応がないか注意しましょう。

● **音楽**

耳をすまして！

作詞・作曲　柿﨑次子

感覚識別の問題 ♪音の識別が難しい子ども

活動11 まねっこリズム

● ねらい　人の情報処理能力の分類の仕方に、同時処理と継次処理という2種類の分類の仕方があります。同時処理は、情報を同時にまとめて処理するもので、継次処理は、時間に沿って順番に入ってくる情報を処理する方法です。以下の表は、竹田契一氏らの著書[1]から引用した同時処理と継次処理の例です。

同時処理	継次処理
・形全体をとらえる ・左右・位置をつかむ ・時計（デジタル）表示を読む	・聞いたり、復唱したりする ・リズムの再生 ・事柄がおこった順に再生 ・連続動作を行う ・時計の長針と短針から時間を読む（アナログ）

　子どもたちの中には、それらの処理能力にかたよりがあるため、情報の処理の仕方にアンバランスが生じ、学習に支障をきたしている子もいます。その点、音楽は時間の経過に沿って進んでいくため、継次処理能力を養う活動としても役立ちます。

● 対象児　小学生以上で、耳から入ってきた情報を順番に理解するのが苦手な子ども、書き順を覚えられない子、ダンスの振り付けなど、継次処理能力を必要とする課題が苦手な子に対して行います。

　さらに、音量を変えて叩くドラム活動は、不器用な子の感覚識別能力を育てるのにも役立ちます。

● 個人/グループ　グループでもできますが個人の方が注意深く観察できます。
● 用意する物　ハンドドラムやタンバリンなど素手で叩ける太鼓類
● 手順

①簡単なリズム（例：♩ ♩ ♩ ㊌）から始めます。まず、そのリズムを手拍子で叩きながら、そのリズムと同じリズムの物の名前（例：バナナ㊌）と言いながら叩くとよいでしょう。これは言葉がいくつの音韻からできているかを意識するいい活動でもあります。例のように4拍目を休み（㊌）にすると、繰り返しがうまくいきます。

---

[1] 竹田契一, 里見恵子, 西岡有香著（2007）『図説 LD 児の言語・コミュニケーション障害の理解と指導：第2版』日本文化科学社

4章 ● 音楽を使った感覚統合あそび

②①ができたら、太鼓等の楽器で同じリズムで叩いてもらいます。まずセラピストが叩いて見せ、その後に子どもに叩いてもらうところから始めるといいでしょう。

③②ができたら、リズムを次第に複雑にしていきます。

（♩ ♪♪ ♩ 休）　　（♪♪♪♪ ♩ 休）　　（♪ ♩ ♪ ♪ 休）

● バリエーション

・リズムに強弱をつけてみます。（♩強　♩弱　♩弱）
・自分の番まで待てるようであれば、個々に楽器を持ってもらい、セラピストが叩いた後にそれを真似してもらうようにしましょう。
・4拍子の安定したテンポを維持できるようであれば、子どもにいろいろなリズムで叩いてもらい、それを他の子が真似るという活動にも展開できます。これは創造性や社会性の発達を刺激する活動にもなります。

● 注意点・観察点

・安定した拍子を維持することが、うまくいくための条件の一つになります。
・子どもが覚えておくことのできるリズムの数がどのくらいか注意して見ておきましょう。

音楽療法士のつぶやき　その4　「手を動かしたら音が出た！」

　音楽療法の対象になる方々はとても幅が広く、小さな子どもから高齢の方まで、身体にも知的にも重度の障害をおもちの方から、元気に動き回る方まで様々です。しかし、目が不自由でも身体が不自由でも、音を楽しむことのできる方はとても多いのです。

　身体を動かすと音が返ってくることで、刺激と反応の因果関係が理解できますし、そのことがもう一度身体を動かしてみようという動機づけともなります。

　ただ、身体の障害がある方々の動作は限られることが多いため、わずかな運動でも音が出ることはこのような方々にとって大きな喜びになります。この点、Qコード（鈴木楽器製作所）は音質も多様で機能も様々付いていますので、音楽療法に使える可能性が高い楽器です。しかし残念なことに、指をスライドさせて音を出す面が狭いため操作しにくく、音の出方の感度もあまりよくありません。一方カラコロツリーは、音や色もきれいで玉が動く様子も見えるなど、様々な感覚刺激を提供するだけでなく、ビー玉を手から離すだけで音が出ますし、その動作が必ず音となって返ってきますので、重度の障害をおもちの方々にも楽しんでいただけるすぐれた楽器だと思います。

感覚識別の問題　♪体の配置と筋肉調整の感覚識別が難しい子ども

活動12　大きな太鼓

- **ねらい**　大きな音と小さな音の叩き方を区別することで力の調節力を養うのがねらいです。重たい物と，小さく壊れやすい物を持つ時の力の入れ具合は異なります。その力の入れ具合を太鼓の叩き方を通して体得させる活動です。太鼓の上に小物を置いて叩くことで，小物が跳ねなければ弱く叩いたということを視覚的に理解しやすくする工夫もできます。
- **対象児**　年少児以上。鉛筆の芯が折れやすい，小さなおもちゃを乱暴に扱って壊すなど，力の抜き加減がうまくできず，物を丁寧に扱えない子どもに対応した活動です。

小物を置いたバリエーションの写真

- **個人／グループ**　2〜4人ほどのグループ
- **用意する物**
  - 大小のドラム
  - 人数分のばち
  - 小物類（鈴・鮮やかな色のエッグシェーカー）
- **音楽**　「おおきなたいこ」（小林純一作詞・中田喜直作曲）など，馴染みがあり，叩くタイミングがわかりやすい歌を用います。
- **手順**
  ①セラピストと子どもたちは円を囲むように座り，ドラムはセラピストが持っておきます。
  ②セラピストは歌を歌いながら，大小異なる大きさで太鼓を叩き，子どもたちに大きさの違いを理解してもらいます。
  ③大きめの声で歌いながら大きなドラムを差し出し大きな音で叩いてもらい，次に小声で歌いながら小さなドラムを差し出し小さな音で叩いてもらい，これを繰り返します。
- **バリエーション**
  - 子どもにばちを渡し，小物をたくさんドラムの上に置いて小さい音で叩いてもらい，少しずつ小物を減らして，次第に大きく叩いてもらいます。最後には重たい小物を数個だけ残し，「大きな太鼓」と歌って，太鼓から跳び出る大きさで叩いてもらってもよいでしょう。
  - 写真のように太鼓を2つ用意し，片方に小物を置いて小さく叩き，もう片方は何も置かずに大きく叩いてもらいます。
- **注意点・観察点**　ばちの持ち方や利き手の確立，また肘の支えなしで上手に叩けるかなども観察しましょう。

4章　●　音楽を使った感覚統合あそび

感覚識別の問題　♪体の配置と筋肉調整の感覚識別が難しい子ども

活動13　トントン メトロノーム

●**ねらい**　動きがぎこちない，体操が苦手，怪我をしやすいなど，スムーズな身のこなしができない子どもに対して，身体のイメージの発達を促すために，メトロノームの拍に合わせて体を軽く叩くという活動を紹介します。体を叩くことで体の様々な場所に触覚の刺激を提供できるだけでなく，叩く体の部分の位置関係をより正確に把握する力も育てることができます。また叩く手を左右同時に，あるいは交互に動かすことでより高度な両側統合の動きを促すことができます。

このように，体の中心線を越えて反対側に手を伸ばすことは，左右の脳がきちんと連絡しあい，手足を協調的に使うという両側統合の発達を促すねらいがあるのです。

●**個人/グループ**　数名のグループで行うと楽しくできるでしょう。

●**用意する物**　メトロノーム（針が左右に揺れるタイプが見やすい）

●**手順**

①メトロノームを60〜80の速さにセットして床に置き，その周りに全員があぐらを組んで座ります。

②メトロノームの音に合わせて，全員で軽く膝を叩きます。

③セラピストがタイミングよく声掛けをして，肘・頭・肩など場所を変え，続けて叩きます。

●**バリエーション**

・両手を交互に叩きます。
・左右で叩く場所を変えます。
・中心線を越えて叩きます。

●**注意点・観察点**　正中線交差の動きに躊躇がないか観察してください。

姿勢や器用さの問題　♪姿勢がくずれやすい子ども

活動14　ハイハイフィッシング

●ねらい　ハイハイは，体幹と腕の力を強くするためのいい活動です。これは，赤ちゃんが歩けるようになるまでの過程と同様で，歩けるようになる前に時間をかけてハイハイをすることが，その後の直立歩行を支えるのです。頑丈な木の幹の支えがあるから，枝がすくすくと伸びていけるように，人間も手や足を自由に使って活動するためには，まず体の軸をしっかりと安定させることが必要なのです。

●個人/グループ　個人でも可能ですが，2名で行った方が楽しいです。

●用意する物
・ラミネートした魚20匹ほど
・魚を敷くマット
・波用の薄手の布
・魚を入れるかご

●音楽　「動物園へ行こう」（海野洋司訳詞・トムパクストン作曲）などを，歌詞を変えて用いるとよいでしょう。

遊び感覚で体幹を鍛える

●手順
①まず以下のルールを説明します。
　・音楽が始まったら開始し，止まったら終わります。
　・お尻を持ち上げてハイハイをします。
　・手で1匹ずつ魚を取ります。
②セラピストは布の両端をつかんで，海の波に見立ててバタバタと揺らします。
③子どもはハイハイの姿勢になり，音楽が始まったら布の下を這っていき，魚をつかんで戻ってかごに魚を入れ，再び海に這っていき魚を取ります。これを繰り返します。
④かごから1匹ずつ魚を取り出して，何匹釣れたか数えてもらいます。

●注意点・観察点
・胴体を水平に保ったまま，腕や足を交互に動かして進むことができるかを観察しましょう。
・布が顔に軽く触れることを嫌がっていないかなど，触覚刺激の反応も観察しましょう。

姿勢や器用さの問題　♪両手を使う動作が苦手な子ども

活動15　小さな大工さん

● ねらい　この活動は、両手を使ってウッドスティックを様々に動かすことで、両手を協調させた運動能力を高めることがねらいです。両手の協調運動は、紙を片手で持ってもう片方でハサミを使うなど、生活の中の様々な場面で必要となる基本的な運動能力です。

またウッドスティックの向きを、縦や横に、また上下に動かすことで、物の位置や形を認識する視空間認知の能力も高めます。視空間認知は、図形の書き写しや時計の読み、また漢字の部首の位置を理解するために、さらに教室の中の自分の席や建物の中の様々な部屋の場所を覚えるためにも必要となります。

また洗濯板のように表面がでこぼこのウッドスティックを使うと、特に振動の感覚が強く提供されるので、聴覚だけでなく触覚や筋肉の感覚など多くの感覚刺激を提供することができます。ただ、このような感覚に敏感な子どもには過度の刺激とならないよう注意も必要です。

● 個人／グループ　グループで行った方が楽しいです。

● 用意する物　ウッドスティックを1人に2本（振動の感覚を強くするためには、以下の写真のように、2本ともぎざぎざがついているスティックの方がいいです）

ぎざぎざになったスティック

● 手順

①楽器が人に当たらないよう、隣の子と間隔を空けて座ってもらいます。

②注意点（振り回さない、人に当てない）を説明した後に楽器を配り、自由に遊んでもらいます。

③次ページの写真のように歌とモデリングにより音を出してもらいます。

● 注意点・観察点

・ぎざぎざのスティックの場合、反応を注意深く観察して下さい。

・セラピストと向かい合わせの場合は鏡の動きでかまいません。

1

2本を叩き合わせる

2

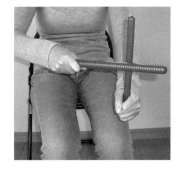

1本は立てて，もう1本は側面に当てて前後にこすり合わせる

3

1本は立てて，もう1本で上から叩く

4

上体を前に倒し，1本を横に向け，もう1本で上から叩く

5

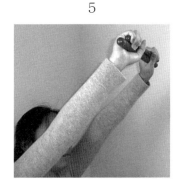

上体を起こし，2本をまとめて横に持ち，頭の上から腰の下まで上下に動かす

6

1本は頭の上で横に向け，もう1本で上から叩く

● 音楽

小さな大工さん

作詞・作曲　柿﨑次子

4章 ● 音楽を使った感覚統合あそび

姿勢や器用さの問題　♪体の中心線を越える運動が苦手な子ども

活動16　あちこちおうち

● **ねらい**　これは体の中心軸を発達させるための活動です。日常生活の中では，例えば画用紙に大きく絵を描いたり，お箸を持って反対側にあるおかずに手を伸ばしたりなど，体の左右真ん中の正中線を越えて行う動作がいくつもあります。この体の中心線を越える時，脳の中では左脳と右脳が協調してそのスムーズな動きを助けているのです。つまり正中線を越える動きの状態は，脳が体の左右からの情報をどの程度うまく統合しているかを表します。

正座してもらい周囲にベルを置く

　このはたらきを促すために，ここでは卓上ベルを使います。座って体の反対側に腕を伸ばし周囲に置かれたベルを叩く動作は，バランスの力を育て，体の正中線を越える活動を促します。

● **個人／グループ**　個人
● **用意する物**　卓上ベルの「レ」を除く「ド」からオクターブ上の高い「ド」までの音
● **手順**
①子どもに正座で座ってもらい，子どもの周りに放射状になるようにベルを置きます。その際，低い「ド」のベルは子どもの直前に置き，そのベルが自分の家で，その他のベルは子どもが腕を伸ばした位置に広げて置き，友達の家だと伝えます。
②セラピストが歌を歌い，子どもに利き手を使って楽譜の手の印のところで，歌詞にある色のベルをタイミングよく叩いてもらいます。なお歌詞に出てくる色は，以下のベルの音です。
　黄色：ミ，緑：ファ，水色：ソ，青：ラ，ピンク：シ，赤：高いド

● **バリエーション**
・バランスを保ったまま両手で一つのベルを叩いてもらいます。
・ベルの置き方は子どものバランスや正中線を越える力に合わせて調整します。ベルを後ろの方に置くほどバランスの力が必要ですし，「ミ」から高い「ド」までを左右交互に並べると，毎回正中線を越えて叩くことになります。

● **注意点・観察点**
・正中線を越える時の，手の動作や目の動きに戸惑いが見られないか観察してください。
・ベルを箱にしまう際に，もたもたせずに，きちんと箱に入れられるか観察してください。

● 音楽

あちこちおうち

作詞・作曲　柿﨑次子

およばれしたよ　あちこちおうち　どこにいるかな　おともだち
あそびにいこう　みんなのおうち　ぜんぶまわったら　かえろう
きいろをポン　みどりをポン　みずいろをポン　あおをポン
ピンクをポン　あかをポン　ぜんぶまわったよ　おうちをポン
あらあらたいへん　わすれもの　どこにおいたか　ぼうし
くーらくなってきた　いそいでまわろう　もいちどおうちを　まわろう
急いで　きいろをポン　みどりをポン　みずいろをポン　あおをポン
ピンクをポン　あかをポン　さいごにみつかったよ　おうちをポン

4章 ● 音楽を使った感覚統合あそび

姿勢や器用さの問題　♪不器用な子ども

活動17　木琴5音あそび

● **ねらい**　このあそびは両手を同時に使うねらいのほかに，力を抜いてばちを持ち響きのある音を出すことで，力の抜き加減を感じてもらうこともねらっています。さらに，一定の拍を聴きながらそれに合わせて木琴を叩いてもらうことで，自分の腕の動きをリズムに合わせて調節する力も育てられます。

音階のある楽器を弾くことは難しいという印象を受けますが，これは5つの音でできている音階で，どの音を弾いても自然なメロディになりますので，楽譜はいりませんし誰でも楽しむことができます。

● **対象児**　小学生以上

● **個人／グループ**　個人

● **用意する物**

・木琴または鉄琴

　　ペンタトニック（5つの音でできた音階）の木琴，または普通の木琴のド・レ・ファ・ソ・ラのキーだけを残して後は外すか，またはその5音に印を付けておきます。

・ばち（さおは太い方が扱いやすいので，子どもの手の大きさに合わせて包帯を巻くなど調節してください）

・トーンチャイムやハンドベルなど音階のある楽器のド・ファだけを使用します。

ペンタトニックの木琴とばち2種類(木製・ゴム製)

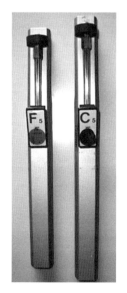

ドとファのトーンチャイム

● 手順

① 腕より木琴の高さが高くならないよう机や椅子の高さを調節し，腕への負担がかからないようにしておきましょう。

② 1本のばちを軽く持ち，初めは5音を自由に叩いてもらいます。響きのあるよい音がどんな音質か理解してもらいましょう。腕の力を抜いてばちを上から落とすとよい音が出ます。

③ 4拍子のリズムに納まるように，「1・2・3・4」と声をかけ，それに合わせて叩いてもらいます。音はどの音でもよいです。

④ リズムが安定したらセラピストがハンドベル等で加わり，等間隔の一定のリズムで2音を同時にならし，子どもにそのリズムに合わせて自由に叩いてもらい合奏します。

⑤ ばちを2本に増やして同様に行います。

● バリエーション

・4分音符だけでなく8分音符なども加え，4拍子は維持したままリズムを変えて叩いてもらいます。

・正中線を越えてばちを左右へ動かして叩くように促します。

・ばちを2本持った際，初めは左右同時に叩いてもらい，慣れてきたら交互に叩いてもらいます。

● 注意点・観察点

・ばちを握りしめてキーに押さえつけて弾くと響きのない音になってしまいます。よい音質と聴き比べてもらい，ばちを軽く持ってよい音を出すことを学んでもらいましょう。

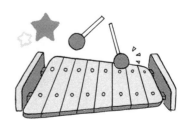

姿勢や器用さの問題　♪不器用な子ども

活動18　太鼓がなったら

- **ねらい**　これは言葉の指示に従って素早く体を動かす動作を通して，複雑な動作を行動に移す前に頭でその順序を考えるという運動の企画能力を高めようとするものです。例えば，初めて跳び箱や自転車が乗れるようになる時は，手と足の動かし方の位置関係，さらには動きのタイミングなど，一つのまとまった動作を行うための行動の組み立てを頭の中でしなければなりません。このような複雑で素早い動きがうまくできない場合は，ここに紹介するような自分の体の部分の位置関係を理解する活動から始め，その後実際に動くというステップが必要かもしれません。
- **個人/グループ**　数名のグループ
- **用意する物**　太鼓類
- **手順**　セラピストは小さな音で太鼓を叩きながら歌を歌い，歌詞の中で（楽譜9～10小節）手を置く体の場所の指示を出します。子どもは歌の最後の大きな太鼓の音が聞こえたら，指示された通りに素早く手を置きます。最初は両手を使った一つの動作から始め，うまくできたら片手ごとに異なる動作に変えていきます。
- **バリエーション**
- ・左右という言葉と実際の手足の一致が難しい子どもたちがたくさんいます。最初は手や足など，体の場所の名前の確認から始めてみてください。
- ・基本のリズムを手ばたきやカスタネットなどで行い，合図の音で素早く指示された動作を行うようにするのもいいでしょう。

背中側に手をやる動作

正中線交差が入った動作

● **注意点・観察点**

・指示を出した直後に手を動かす子どもがいるかもしれません。大きな太鼓が聞こえるまで待つよう促してください。
・左右の混乱がないか観察してください。
・正中線交差の指示も入れてみて，その動きに躊躇がないか観察してください。

● **音楽**

太鼓がなったら
作詞・作曲　柿﨑次子

姿勢や器用さの問題　♪不器用な子ども

活動19　感覚統合サーキット

●ねらい　ここでは人工芝や段ボールなど，安価で簡単に入手可能なものでできるサーキット活動を紹介します。例えば，人工芝は触覚や体の配置と筋肉調整の感覚刺激を提供しますし，段ボールトンネルを通り抜けられるよう体を小さくすることで身体図式（ボディイメージ）の能力や体をしっかり支える腕の力が養われます。

　サーキットは様々な道具を用いる複合型の活動ですから，対象となる子どもの特性に応じて，様々なねらいを入れて作ることができます。またグループで活動する場合，それぞれの子どもたちの特性を考えて活動を組み合わせることができますので，このようなサーキット活動がとても便利です。

　また，この活動は一人ずつ順に進んでいくので観察しやすく，子どもによって異なる感覚，情報処理の特性を理解するのにも役立ちます。

●対象児　どのような子どもたちにも使えますが，特に多動な子どもに試してほしい活動です。
●個人／グループ　2人から5人ほどのグループ
●用意する物　98ページの表を参照して下さい。
●音楽　動きを促すような元気な行進曲
●手順
①あらかじめ，床にビニールテープを貼って子どもが進むトラックを作っておきます。
②道具類を並べます。道具の選択は自由ですが，例えば楽器の音にしっかり気づいてほしい場合は，異質の楽器をつなげ，一方で，少しずつ慣れて挑戦してほしい場合は同質の楽器をつなげ，弱い刺激の道具から強い刺激の道具の順で並べるといいでしょう。
③人工芝は両足跳び，フープやホースは片足と両足，手型足型は左右の手足の通りに置くなどのルールを説明します。
④スタートラインに縦一列に並び，音楽の開始で1人ずつスタートします。
●バリエーション
・順番を待つことが難しい子どもたちの場合，それぞれ異なったコーナーから同時に出発するように工夫しましょう。一人ひとりの子どもたちの貴重な時間を無駄にしないよう，待ち時間を少なくする配慮も大切です。
・部屋の様々な場所に活動コーナーを作り，音楽の合図で入れ替わって活動するような工夫もできます。
・簡単にならせる打楽器を子どもたちに選んでもらい，それをならしながらフープや人工芝を越えて行進してもよいでしょう。

● 注意点・観察点

・一人ひとりの子どもの反応を把握する必要があります。大勢の子どもたちが同時に動く場合，1人のセラピストの目では十分に観察しにくくなりますので，保護者の方たちにも手伝ってもらい，自分の子どもがどのような活動を特に好んだか，また避けたかを見てもらうのもいいでしょう。例えば，リボンを避ける場合は触覚過敏，トンネルに勢いよくぶつかるようであれば体のイメージが不十分だったり，筋肉の力をたくさん使いたいサインかもしれません。
・スクーターボードを使う場合，よく上に立つ子がいます。使わないときは裏返しにして置くことを教えてください。

道具の種類だけでなく色の鮮やかさもサーキットの大切な要素

4章 ● 音楽を使った感覚統合あそび

● 用意する物

　以下によく使うものを挙げています。この中から目的に応じて使い分けてください。なお，以下の①から⑪までの道具は写真のサーキットに使われている物で，表では写真の一番手前の物から順に時計回りに載せています。

感覚統合サーキット用道具リスト

道具・楽器	使用法	目的・観察点
①ステップンストーン （でこぼこボール）	床に置かれた上を歩く	バランスの発達
②手型足型（マットを手足の形に切り抜く）	床に置かれた手型足型に手と足を乗せながら進む	体のイメージやバランスの発達 左右の認識
③色鮮やかなリボンの束	段ボールトンネルの縁に垂らされたリボンの下をくぐりぬける	視覚・触覚刺激の提供 頬に触れる際の反応
④段ボール（縦・横・高さの計が1.5m程）2個	2個をつなげてトンネルを作り，その中をくぐりぬける	体のイメージや姿勢の発達 体の動かし方
⑤ハードル	ハードルを両足を揃えて跳び越える	バランスや行為機能の発達 動きの正確な組み合わせ
⑥ツリーチャイム	手で揺らしながら通る	視覚・聴覚・触覚刺激の提供 それぞれの刺激に対する反応
⑦人工芝　数枚 （1辺30cmの正方形）	床に置き上を歩く，跳ぶ 目の粗い裏面を使ってもよい	触覚と筋肉調整の感覚刺激の提供 歩く時の反応
⑧小型パラシュート またはシーツ	ゆらゆらと揺らされるシーツの下をくぐる	視覚刺激の提供 下に留まる等の反応
⑨ジャンベまたは コンガ	大きな音で叩く	体の配置と筋肉調整の感覚刺激の提供 叩き方
⑩ベルハーモニー　デスクタイプ（卓上ベル）	両側に4個ずつ分けて置き，叩きながら中央を通る	両側統合 力加減の調整
⑪小フラフープまたはホース1m （先端に切り目を入れ輪に）	縦・縦・横2つに置かれた物をケンケンパーで跳び越える	姿勢・バランスや行為機能の発達 動きの正確な組み合わせ
スクーターボード	腹部を下にして乗り，足を床から離して伸ばし，腕で床を押して前進する	重力に抗した伸展姿勢の発達 ボードへの乗り方
ロリポップドラム	高く掲げられたドラムをジャンプして素手で叩く	視空間認知 ドラムの注視能力

認知能力に関連した活動

活動20 ハンマー色あそび

- **ねらい** この活動は，色の識別と道具を使ったあそびを組み合わせたもので，音の出るプラスチック製のハンマーを使い，床に置かれた色のステッカーを指示に合わせて叩く活動です。

　多くの子どもたちは叩くあそびが大好きです。叩くという行為は単純で，強い体の配置と筋肉調整の感覚の刺激が提供されるからです。そこで，この行為を指示に合わせていろいろな色のステッカーを叩くという活動に組み立てることで，子どもが求めている感覚刺激を提供できるだけでなく，指示の理解や色の理解という認知能力の向上も促すことができるというわけです。

- **対象児** どのような子どもにも適していますが，当てもなく物や人を叩く子どもには特に試してほしい活動です。
- **個人／グループ** 1人が望ましいです。
- **用意する物**
・音の出るプラスチック製のハンマー
・様々な色のステッカーのセット
- **手順**
①床にステッカーを広げて置きます。
②子どもに色の指示の通りに，楽譜のハンマーの印のところでステッカーを叩いてもらいます。
- **バリエーション** 色を数字や形などほかの指示に変えて行うこともできます。
- **注意点・観察点** 色の識別だけでなく体の配置と筋肉調整の刺激を提供することも目的の一つですので，歌の形式にとらわれず，できるだけ多く叩く機会を提供するよう心がけましょう。

子どもが好きな色とりどりのキャラクターを選ぶ

●音楽

ハンマー色あそび

作詞・作曲　柿﨑次子

> **音楽療法士のつぶやき　その5**　「重度の障害をもった子どもたちが音楽を楽しめるように！」
>
> 　ジョシュアの事例のように，音楽は重度の障害をもつ子どもとの言葉を使わないコミュニケーションを可能にする等，大きな力を持っています。
>
> 　しかし残念なことに，私の知る限り，このような重度の障害をもつ方々に対する音楽療法は，あまり盛んではないように思います。しかし音楽を使うとユニークな方法で実践を提供できますので，障害があっても音楽を楽しんでいただけると思うのです。そのために必要となるのは楽器です。最近は様々な形の太鼓が出回っていますが，ばちを持てない人のための改良型のばちはほとんど見ることがありません。ですから私はそのようなばちを自分で作って実践で試したりしています。ここにも楽器メーカーと臨床家との連携があれば，需要と供給を結びつけることができますし，重度の障害をおもちの方々も音楽を楽しむ中で，もっと生活の質を高めることができると思うのです。

認知能力に関連した活動
活動21 あいうえおの行進

● **ねらい** 典型的な音楽療法の目的は，例えば，数の認識や色の識別であったり，グループ活動を通して社会性を育てることなどですが，その目的は実は感覚統合の発達の最終産物にあたるものとも言えるでしょう。ですからこのような音楽療法の目的を遂行する際，その基盤となる個々の子どもの感覚統合の発達の特性に気を配る必要があります。

かの有名な教育者であるモンテッソーリも「子どもは動きながら育つ」と言ったように，子どもはみんな体を動かすことが大好きです。子どもの特性に応じて適切に提供される動く感覚刺激は，子どもの脳の活動状態を高め，注意や集中力を引き出します。ここで紹介するのは，そのようにして動きながら言葉の能力を高めることをねらった活動です。

● **対象児** 文字や言葉を習い始めた子どもたち

● **個人／グループ** 2人～4人

● **用意する物**
・50音のひらがなパッド（一片20cm程のひらがなカードをラミネートし，下にすべり止めパッドを貼りつけたもの。この上を歩いて行進します）
・笛

● **手順**
①ひらがなパッドを輪になるように床に敷きます。その際，1枚ずつ子どもに読んでもらってから，床に置くといいでしょう。
②それぞれの子どもに，どれかのカードの上に立ってもらいます。
③セラピストの歌に合わせて，カードの上に足を乗せながら行進してもらいます。
④セラピストが適当なタイミングで笛を吹き，その合図で子どもに立ち止まってもらいます。
⑤子どもに足元のカードを全員に見せてもらい，そのカードの字から始まる単語を考えて言ってもらいます。
⑥子どもたち全員が単語を言ったら，③に戻り繰り返します。

● **バリエーション**
・言う単語を「食べ物」や「動物」などに限定して行います。
・歩く速さを変えたり，後ろ歩き，スキップなどに変えて行うのもいいでしょう。

● **注意点・観察点**
・笛の音にすぐに気づいて，すぐに止まることができるか観察してください。
・子どもが持っている語彙力を観察して，適切な枠組みを設定しましょう。

● 音楽

あいうえおの行進

作詞・作曲 柿﨑次子

さあ あいうえおの こうしんだ ことばのたいそう

がんばろう ふえのおーとに みみをすましてさああるこう

子どもの能力に合わせてひらがなパッドを用意する

5章 事例を通した音楽療法の実際

1 集中して活動に参加できるようになった子どもの例

　子どもはみんな生まれながらに自ら成長する力を持っています。しかし，その伸びの方向や伸びの幅，そして伸びのタイミングは子どもによって様々です。ですから，セラピストは子どもの伸び方に寄り添って柔軟にサポートしなくてはなりません。そのガイドラインの一つとなるのが感覚統合の理論です。感覚統合は運動や手先の器用さ，言葉，情緒の安定等様々な機能がスムーズに働くよう，それらを基礎から支えるはたらきをしています。つまり子どもが持っている様々な可能性を伸ばすために，感覚統合の発達は大切な役割を担っているのです。これから紹介する音楽療法の事例は，子どもの行動を感覚統合の視点から捉えて行った実践です。

　ひろし君は，1歳で精神運動発達遅滞と診断された後，作業療法，理学療法，言語療法を開始しました。母親によると，人が話す言葉の意味は理解しているようですが，自分から話すことは言語療法でも見られないということでした。いつも動き回っていて，集中が長く続きません。また回転する物を見続けたり，毛布にくるまるのが好きですが，ドライヤーの音には耳をふさぎ，食べ物は柔らかい物しか食べないということでした。

　音楽療法を開始したのは，ひろし君が3歳4カ月になった時です。母親も一緒に参加して，1回40分のセッションを月に1回行いました。

　セッション1回目は，落ち着きがなく動き回っていましたが，ラウンドベルを回転させると，それをしばらく見ていました。しかしすぐに母親のバッグの中のおやつを食べてしまい，2個目を取り上げられると泣き出し，後は毛布にくるまり眠ってしまいました。ここまでの時間は10分ほどです。

　セッション2回目では，ひろし君を毛布にくるんで「ブランコゆらり」の歌に合わせて揺すると，にこにこしながら揺れに身を任せました。そして歌が終わると，すぐに私に向かって人さし指を立てました。そこで私は，続けて3回ほどブランコの歌を歌いながら毛布ブランコを行いました。その後，ギターのピックなど渡された小物は何でも投げ（計8回），それ以外は部屋中を走り回っていましたが，何とか予定のオーシャンドラムや発語のための歌，そしてクールダウンのための絵本の活動を行うことができました。

　これまでの行動を分析すると，落ち着きのなさやブランコの要求は「動きとバランスの感覚」を求めていると考えられます。回るラウンドベルを好んで見ることも，めまい感を感じる

ことができますので，この推察を裏づける可能性があります。いろいろな物を投げて遊ぶのは，彼の道具の操作能力の段階を表しています。そこで後の目標を，①集中力を育てることと，②何らかの形（動作でもよい）でのコミュニケーション能力の開発と設定しました。そのために，毎セッションの前半に毛布ブランコなど揺れや動きを感じる感覚刺激を提供し，後半に集中して行う活動で主にコミュニケーションを促す活動を行うと計画しました。また前半の毛布ブランコの活動のなかで「もう1回」の要求を引き出すやり取りを毎回入れました。

3回目のセッションでは，ボールや色鮮やかなリボンの束を机の上から落とすなど，頻繁に物を投げる行動が見られました。そこで私はそのボールを落とすあそびに加わり，その子が投げるたびに「ポーン」などの声掛けを添えました。次に私がオーシャンドラムをゆっくりと揺らしてみせると，玉の揺れをじっと見ています。そして自分でも動かしたそうに手を出してきたので，一緒に支えて玉の揺れを見るのを楽しみました。その後，私のゆっくりとした歌に合わせて，体を母親にマッサージしてもらい，最後は私の歌う終わりの歌を静かに聴きました。こうして10分間程はじっと座って活動することができました。

また聴覚過敏の行動があったので，大きな音を出さないよう注意しましたが，4回目のセッションでオーシャンドラムを提供してみると，大きな音がしても耳はふさがず目を輝かせたまま玉の揺れを見ています。その後，自らばちを持って何度もオーシャンドラムを叩いてあそびました。これは玉の揺れを見たくてやったのだと考えられます。

5回目の終了直前の絵本活動は，1ページごとにこぐまの数が10匹から減っていく絵本に私が歌を添えました。この活動では，歌を繰り返し歌いながらこぐまの数を数えるのですが，彼は6匹のページまでは指を支えられて私が数えるこぐまを指さしました。そして，その後そわそわと周囲に目をやり始めましたが，それでも最後のページまで席を離れませんでした。恐らくこの活動がどこまで来ると終わるという予測がたったためではないかと思います。その結果，20分程集中してこの活動に参加できるようになり，物を投げるあそびはしなくなりました。そしてグッバイソングで私がいつものように「バイバイ」と歌うと，小声ですが聞きとれる発音で「バイバイ」と言うようになりました。

この実践を振り返ってみると，ひろし君は単純に投げる行為を楽しんだように思います。またオーシャンドラムは途中から自分でも揺らしたりばちを持って叩くなど，自分で道具を操作して玉を揺らそうとしました。そして5回目では，ひろし君がばちで叩いた後に，私が「ちょうだい」と手を差し出すと，すんなりとばちを渡してくれました。こうして，ばちを交代しながら叩くという2人で一緒に楽しむあそびに変わっていきました。

また毛布ブランコは一番のお気に入りで，ひろし君は毎回のセッションで毛布を自ら引っ張り出してきました。そこで私は，ひろし君が私の顔を見て人さし指を立てて合図をしたら毛布を揺らしました。4回目のセッションでは揺らすたびにこの行動が見られましたので，要求行動をするとブランコが揺れることを理解したように見えました。そこで5回目のセッションか

らは，指を立てるだけでなく言葉でも要求できるよう，私は「もう1回」と言いながらひろし君の発語を促し，要求行動のレベルを上げていきました。

この実践から考えられることは，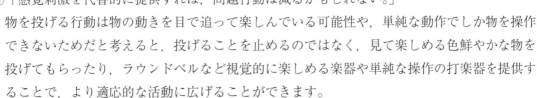
①座って集中する時間が延びた要因の一つは，子どもが必要とする感覚ニーズを取り入れる活動を先に十分行ったためと考えられます。
②「感覚刺激を代替的に提供すれば，問題行動は減るかもしれない。」
物を投げる行動は物の動きを目で追って楽しんでいる可能性や，単純な動作でしか物を操作できないためだと考えると，投げることを止めるのではなく，見て楽しめる色鮮やかな物を投げてもらったり，ラウンドベルなど視覚的に楽しめる楽器や単純な操作の打楽器を提供することで，より適応的な活動に広げることができます。
③聴覚過敏の問題は，自ら音を操作することで次第に緩和できる可能性もあります。1章のはじめ君の例のように，オーシャンドラムを毎回行うと耳をふさぐ行動が見られなくなるかもしれません。
④ハローソングやグッバイソングなど毎回同じ歌を歌うことで，歌と活動との因果関係が理解され，発語を含めコミュニケーションの発達を促せた可能性があります。

2 音楽に興味のない子どもを伸ばす感覚統合アプローチ

音楽療法にやってくる子どもの全てが，音楽が好きというわけではありません。その場合，その子が音楽に関心を示さない理由を感覚統合の視点から考えてみるといいと思います。聴覚過敏で特定の音が苦手ならば心地よい音の楽器を紹介してみることもできますし，じっと座って楽器を操作することが苦手ならば歌いながら踊る等の工夫ができます。このようにすると大抵の子どもたちは音楽を受け入れるでしょう。以下の事例はそのような工夫を行った実践です。

小学校の特別支援学級に通う10歳のたけし君には自閉症と知的な発達の遅れがあり，発声はありますが話し言葉はありません。たけし君は以前より感覚統合療法を受けており，トランポリンやブランコが大好きです。しかし，ほかの人が一緒に跳ぼうとトランポリンに乗ってくると，押しのけたりします。そこで，ほかの人と交流を持ち，社会性を育むことをねらいとして音楽を使った実践を行いました。

実践は，普段から感覚統合療法を担当している作業療法士と音楽療法士（私）が一緒になって，感覚統合の大型遊具が設置してある部屋で6ヵ月間に10回行いました。

1回目と2回目のセッションの初めで，たけし君は自由にトランポリンを跳びました。そしてブランコでは満面の笑顔で揺れを楽しんでいます。そこで私はブランコに乗ったたけし君に

オートハープを渡してみましたが，これはちょっと弾いただけで押しのけてしまいました。しかしオーシャンドラムが目の前で揺らされると，その玉の揺れをずっと目で追っていましたし，回転しているラウンドベルは数分間も目をそらさずに見続けました。

トランポリンやブランコは動きとバランスの感覚刺激を豊富に提供できる遊具なので，たけし君はこの感覚刺激を好んでいることがわかります。オートハープの弦をピックで弾くと，振動や触覚刺激が提供できますが，これは嫌いなようです。作業療法士からの情報でも，たけし君は触覚や聴覚には過敏とのことでした。一方，風に揺れる枝を見つめたり，DVDを何度も早回しで見るなど，動く視覚情報には興味があるということなので，オーシャンドラムやラウンドベルの動きも彼の興味をそそったのだと考えられます。

しかしオートハープの音自体は嫌いではなさそうだったので，私は好きなブランコと組み合わせて，オートハープで「ブランコゆらり」の歌を弾きながら歌ってみました。この楽器は，音色がきれいで様々な和音を作れますし，ピックで弦をひっかくだけなので，私と協働でたけし君も音を奏でることができそうだったからです。たけし君は自分でブランコに座れますが，自分で漕ぐことはできません。そこで，私が差し出したオートハープで音を出したら，ブランコが揺れ始めるという方法を試みました。しかし予想した通り，彼にピックを渡すと，それは苦手なようですぐに置いてしまいます。そこで代わりに，人さし指を立てた形のプラスチック製の道具を渡してみました。すると，小さな音でしたが，ゆっくりとオートハープの弦を上下に動かし始めたのです。そして気持ちいい揺れときれいなオートハープの音色が奏でるブランコの歌のセットを繰り返し提供するうちに，音楽がなるとブランコが揺れるという関係を彼は理解したようでした。こうしてこのやり取りを理解したたけし君は，毎回のセッションで私と一緒にオートハープを弾くようになり，8回目のセッションでは，人の手を借りずに，私の「ブランコゆらり」の歌が終わるまで1人で弦をならすようになりました。

この実践からは，以下のことが考えられます。
①トランポリンやブランコ等たけし君が好む活動（感覚）を中心に組み立てることで初めて，音楽療法としての展開も可能になったと考えます。そのためにも，子どもの表情やちょっとしたしぐさ等を注意深く観察する必要があります。

②ブランコ等の吊り遊具は動きの感覚を提供するためには便利ですが，動きは繰り返しが多く，始めや終わりが見えにくいです。そこにブランコのリズムに合わせて提供した音楽が始めや終わりを，そしてメロディや歌詞がブランコのあそびを象徴するようになったのかもしれません。音楽を取り入れることで，たけし君自身の見通しや因果関係の理解が進み，それがコミュニケーションの展開につながったと考えま

す。
③楽器は不快刺激を生み出すこともあります。対象者に合わせて楽器を選択し，扱い方の工夫をする必要があります。

3 グループの音楽活動がもたらした自己有能感への一歩

　2章の総論で紹介した自己有能感も音楽療法の特徴と密接な関係にあります。それについてお話しするために，まずはグループでの音楽療法を紹介しましょう。

　私は最近，特別な支援が必要な子どもたちやその保護者の方々と一緒になって，トーンチャイムのグループを作りました。このグループの12歳から13歳の3人の子どもたちはみんな音楽が大好きですが，余暇の過ごし方が限られています。そこでトーンチャイムを使った活動を定期的に行うことで，友達と交流したり協力したり集中力を育んだりしながら，日常生活をより充実したものにすることをねらいとしました。トーンチャイムは，3章でも紹介したように，楽器を揺らすとハンマーが揺れて音が出る仕組みになった音階楽器で，とても美しい響きがします。そこでこの楽器でみんなで発表会をしようと計画し，月2回の練習を開始しました。

　最初に取り組んだ曲はみんなが知っている「きらきら星」です。この歌に出てくる6つのメロディ音を子どもたちが2音ずつ担当し，自分の音でタイミングよく楽器をならし，全員で曲を作り上げていくようにしました。楽譜にはそれぞれの音に色のシールを貼り，それと同じ音のシールを楽器にも貼りました。馴染みの歌ですので楽譜なしで音が出せるかもしれませんが，目で見てわかりやすくしておくことも必要です。両手に別々の音の楽器を持つので，左右の音も覚えておかなければなりませんし，自分の番を意識してタイミングよく音を出さなければなりません。ですから，かなりの集中力と記憶力も要求されます。

　このようにこの活動は決して簡単ではありませんが，楽しさもあります。自分が出した音がほかの人が出す次の音へとつながり，一歩一歩最後に向かって全員で一つの音楽を作り上げていくわくわくする楽しさです。しかも，うまく曲になった時に感じる達成感や自己有能感，責任感は，その場でしか味わえない集団での音楽作りの醍醐味です。また，発表会で演奏するという共通の目標も子どもたちの動機づけになったかもしれません。

　その結果，発表会では色楽譜を頼りに子どもたちだけで3曲のメロディを演奏できましたし，家族も一緒に演奏した曲を加えると全部で7曲も披露することができました。しかも，予想をはるかに上回る多くの観客から温かい励ましと称賛をいただきました。こんなにたくさんの曲をマスターするのは決してたやすいことではありません。けれども子どもたちは自分が発表会で演奏を成し遂げたという成功体験により，自分の能力に対する信頼といった心の変化を感じたように思います。そしてこの体験が，さらなる自分の可能性に挑戦する方向に子どもたちを導いていくかもしれません。

このようにして，できる自分を発見することが自己有能感を育むきっかけとなります。しかもこの気持ちは人と比べた時の自分ではなく，自分自身の気持ちの変化です。ですからほかの子どものことでは揺らぎませんし，自分が逆境に立たされた時，その苦しさや辛さをはね返す力になりますので，その後の人生をたくましく生きていくための支えとなっていきます。

　楽器を演奏するのに言葉はいりませんし，音楽は演奏する人の能力に応じた作り変えができるので，誰でも楽しめるという柔軟性にすぐれています。しかもグループの個々がそれぞれ違った音を担当しても，音楽を一緒に作り上げる役割を担っているという意味ではみんなが平等です。言い換えれば，音が違うからこそ自分の有用感が感じられるのです。

　この子どもたちは，トーンチャイムの分担という比較的難しい作業を発表会という大きな目標に向けて行いましたが，日頃の音楽療法でもみんなで一緒に演奏する楽しみは味わってもらえます。子どもたちが1人で操作できる簡単な楽器を選んでもらい，音楽療法士がメロディやリズムをリードし，みんなでそれに合わせて音を出すだけでも立派な集団演奏に仕上げることができます。ここで要求されることはただ一つ，始めと終わりだけです。これができた集団には，次にリズムを合わせる課題を加えてもいいでしょう。みんなのリズムに自分の動きを合わせるだけでも，大切な集団意識や社会性の能力が育まれます。

　このような活動をする時にもみんなが楽しめるよう，楽器の組み合わせや音の質と大きさに注意を払ってください。一般に強い音質の金属音は1つに絞った方がいいですし，ドラムなどの大きな音は1つにして，それを担当した子どもが全体のリズムをリードすれば言葉なしでリーダー役を務める経験ができます。そのようにして選んだ楽器をみんなが順番に回しながら演奏することもできます。

　グループで音楽活動をする際に大切なことの一つは，感覚統合を含めた個々の子どもたちの特性を十分に理解し，その子どもたちが自分の持っている力を十分に発揮できるよう音楽を組み合わせることです。そしてその経験を通して子どもができる自分に気づいたならば，それはその子の自己実現へ向けた大きな支えとなっていくでしょう。

おわりに
～子ども中心の実践を行おう～

　音楽療法と感覚統合療法はどちらも感覚刺激を扱うという点で共通の基盤を持っています。この基盤によって，感覚統合の考え方を音楽療法に活かすことができるのです。

　しかし，音楽療法と感覚統合療法の接点はそれだけではありません。もっとも重要な接点は，対象となる子どもたちにあります。つまり，子どもたちのより豊かな成長を応援するために私たちは様々な考え方を使うわけです。その意味においては，音楽療法であろうが感覚統合療法であろうが変わりはありません。さらに，自分たちのやり方で最高の実践を提供したいという療法士の思いも，共通しています。

　しかしながら，いかなるアプローチであっても，オールマイティの方法は存在しないと思うのです。さらに，子どもの親にしてみれば，我が子の利益になるのであれば，音楽療法であろうが心理療法であろうが何でも受けさせたいと思うはずです。であるならば，オールマイティとはいかないとしても，少しでも質の高い実践に近づけるよう，ほかのすぐれた理論やアプローチを自分たちのやり方に取り入れるべきだと思うのです。

　それが，この本を通して私が言いたいことです。音楽療法は，ほかでは見られにくい，とてもユニークな特性を持った療法様式です。そして感覚統合理論の考え方を通すと，その音楽の特性をさらに活かすことができると感じています。

　　　全ての子どもたちが健やかに育っていくことを願って！

著者　柿﨑次子

【監修者】

土田　玲子（つちだ　れいこ）

日本感覚統合学会会長。
アメリカ合衆国フロリダ州フロリダ大学修士課程修了。その後長崎大学医学部保健学科助教授，県立広島大学保健福祉学部教授を歴任。現在NPO法人なごみの社理事長。

【著者】

柿﨑　次子（かきざき　つぎこ）

アメリカ合衆国バージニア州シャナンドア大学で音楽療法およびTESOL修士号を取得後，7年間くらしき作陽大学および作陽音楽短期大学にて教育と研究に従事。現在は大和大学教授のほか広島都市学園大学非常勤講師を務める傍ら，西日本を中心に療育者向けのセミナーや非定型発達の子どもたちと音楽療法を実践中。日本音楽療法学会認定音楽療法士。2児の母でもある。

【イラスト】　三宅妙子

特別支援教育サポートBOOKS

感覚統合を活かして子どもを伸ばす！「音楽療法」
苦手に寄り添う楽しい音楽活動

2016年6月初版第1刷刊	監修者	土　田　玲　子
2025年3月初版第9刷刊	著　者	柿　﨑　次　子
	発行者	藤　原　光　政

発行所　明治図書出版株式会社
　　　　http://www.meijitosho.co.jp
（企画）佐藤智恵　（校正）山田理恵子
〒114-0023　東京都北区滝野川7-46-1
振替00160-5-151318　電話03(5907)6703
ご注文窓口　電話03(5907)6668

＊検印省略　　　　組版所　株式会社　明昌堂

本書の無断コピーは，著作権・出版権にふれます。ご注意ください。

Printed in Japan　　　　　　　　ISBN978-4-18-211512-7
もれなくクーポンがもらえる！読者アンケートはこちらから →

特別支援教育サポートBOOKS

作って遊ぶ ゆるっと運動アイデア

苦手さのある子も大丈夫！

著 平沼 源志／杉浦 徹
本文イラスト ネスコプラズム

明治図書

身体が自然に動き心も整ういい時間

ペットボトル・ピンポン球・新聞紙・紙皿・紙コップ…など
身近な材料ほぼ3つでできる手作り教材

×

基本動作の走る・支える・くぐる・はう・つかむ…など
苦手さがあっても運動が楽しくなる遊び

5165・B5判112頁・定価2,310円（10％税込）

明治図書　携帯・スマートフォンからは **明治図書ONLINEへ**　書籍の検索、注文ができます。▶▶▶
http://www.meijitosho.co.jp　＊併記4桁の図書番号（英数字）でHP、携帯での検索・注文が簡単に行えます。
〒114-0023　東京都北区滝野川7-46-1　ご注文窓口　TEL 03-5907-6668　FAX 050-3156-2790